名人传

唐太宗
最能接受批评的皇帝

城菁汝 著　　杜晓西 绘

人民文学出版社
PEOPLE'S LITERATURE PUBLISHING HOUSE

著作权合同登记　图字 01 - 2023 - 2589

©三民书局股份有限公司
本著作中文简体字版由三民书局股份有限公司授权上海九久读书人文化实业有限公司与人民文学出版社在中国大陆（台湾、香港、澳门地区除外）独家出版。

图书在版编目（CIP）数据

唐太宗：最能接受批评的皇帝／城菁汝著；杜晓西绘．—北京：人民文学出版社，2018（2024.11 重印）
（名人传）
ISBN 978-7-02-014298-9

Ⅰ.①唐… Ⅱ.①城… ②杜… Ⅲ.①李世民(599—649)-传记　Ⅳ.①K827＝421

中国版本图书馆 CIP 数据核字（2018）第 103904 号

责任编辑　卜艳冰　吕昱雯
装帧设计　汪佳诗

出版发行　人民文学出版社
社　　址　北京市朝内大街 166 号
邮政编码　100705

印　　刷　山东新华印务有限公司
经　　销　全国新华书店等

字　　数　54 千字
开　　本　890 毫米×1240 毫米　1/32
印　　张　4.125
版　　次　2018 年 8 月北京第 1 版
印　　次　2024 年 11 月第 3 次印刷

书　　号　978-7-02-014298-9
定　　价　35.00 元

如有印装质量问题，请与本社图书销售中心调换。电话：010 - 65233595

序

不论世界如何演变，科技如何发达，但凡养成了阅读习惯，这将是一生中享用不尽的财富。

三民书局的刘振强董事长，想必也是一位深信读书是人生最大财富的人，在读书人数往下滑落的多元化时代，他仍然坚信读书的重要性。刘董事长也时常感念，在他困苦贫穷的青少年时期，是书使他坚强向上；在社会普遍困苦、生活简陋的年代，也是书成了他最好的良伴。他希望在他的有生之年，分享这份资产，让其他读者可以充分使用。

"名人传"系列规划出版有关文学、艺术、人文、政治与科学等各行各业有贡献的人物故事，邀请各领域专业的学者、作家同心协力编写，费时多年，分梯次出版。在越来越多元化的世界中，每个人都有各自的才华与潜力，每个朝代也都有其可歌可泣的故事，但是在故事背后所具有的一个共同点，就是每个传记主人公在困苦中不屈不挠的经历，这些经历经由各位作者用心查阅有关资料，再三推敲求证，再以文学之笔，写出了有趣而感人的故事。

西谚有云：世界因有各式各样不同的人，才更加多彩多姿。这套书就是以"人"的故事为主旨，不刻意美化主人公，以他们的生活经历为主轴，深入描写他们成长的环境、家庭教育与童年生活，深入探索是什么因素造成了他们的与众不同，是什么力量驱动了他们锲而不舍地前行。以日常生活中的小故事来描写出这些人为什么能使梦想成真，尤其在阅读这些作品时，能于心领神会中得到灵感。

和一般从外文翻译出来的伟人传记所不同的是，此套书的特色是由熟悉文学的作者用心收集资料，将知识融入有趣的故事，并以文学之笔，深入浅出写出适合大多数人阅读的人物传记。在探讨每位人物的内在心理因素之余，也希望读者从阅读中激励出个人内在的潜力和梦想。我相信每个人都会发呆做梦，当你发呆和做梦的同时，书是你最私密的好友。在阅读中，没有批判和讥讽，却可随书中的主人公海阔天空一起遨游，或狂想或计划，而成为心灵

知交。不仅留下从阅读中得到的神交良伴（一个回忆），如果能家人共读，读后一起讨论，绵绵相传，留下共同回忆，何尝不是一派幸福的场景！

  谨以此套"名人传"丛书送给所有爱读书的人。你们都是世界上最幸福的人，因为一直有书为伴，与爱同行。

目 录

1. 少年英雄 …………………… 1
   - 皇亲国戚，显赫门第 ……… 1
   - 棋书缔亲，天作之合 ……… 6
   - 少年英雄，初露头角 ……… 14
2. 建立唐朝 …………………… 20
   - 培养实力，潜结英俊 ……… 20
   - 狱中谋划，太原起兵 ……… 25
   - 奇谋策略，平抚二敌 ……… 30
   - 一哭转机，建立唐朝 ……… 33
3. 一统天下 …………………… 42
   - 威服群雄，得罪后宫 ……… 42
   - 兄弟阋墙，烈马毒酒 ……… 56
   - 孤注一掷，玄武门事变 …… 67
4. 贞观之治 …………………… 76
   - 亡隋之辙，殷鉴不远 ……… 76
   - 贤君太宗，名臣魏徵 ……… 80
   - 情义将军，门神尉迟 ……… 91
   - 攻打突厥，称天可汗 ……… 97
   - 贤明皇后，晚年憾事 ……… 106
   - 唐太宗小档案 ……………… 119

名人传

唐太宗

599—649

1. 少年英雄

皇亲国戚，显赫门第

隋文帝开皇十九年（599），北风呼呼地吹，大雪连续下了好几晚，四周一片白茫茫。在现今陕西省境内，一处华贵的大宅第里，温暖且灯火通明的房间内室，床上躺着一位正在临盆的美貌且气质华贵的妇女，仆人们不断地送热水忙进忙出，一旁的婢女们也拿着帕子频频擦拭着妇人冒汗的额头，产婆站在床边道："夫人，用点力……再出点力……"

门外站着一位年纪三十岁左右、身材挺拔、一身灰袍的男子。他的双手紧握，神情紧张，不停地走来走去。原来这位男子名叫李渊，出身贵族，自幼即承袭父亲的爵位为唐公，当朝皇帝隋文帝是他的姨丈，他受到隋文帝的赏识，担任朝中要职。此时，李渊正带着怀有身孕的妻子窦氏要回朝述职①，没想到妻子突然临盆，他们只好先暂时待在李家的别馆中。

窦夫人所生的是位公子，是李渊的二儿子。在他四岁的时候，有位书生拜见李渊，见到这位二公子后，说他"龙凤之姿，天日之表，其年几冠，必能济世安民"。李渊便取"世民"二字作为这位二公子的名字。

李家代代都为武官，家中子弟无论男女都须习武，又因为与北方民族通婚，如窦夫人是鲜卑人而非汉人，所以李家的孩子从小就具备骑马打猎的好本领。这天，才刚满十岁的李世民从郊外打猎回府，身上背着弓箭，灵活的大眼睛四处望来望去，他正在找窦夫人，想要与娘亲分享今天打猎的成果，最后在书房窗口看到窦夫人坐在桌前。

"娘，娘……我今天猎到两只兔子……"李世民一边推开门，一边大声嚷着报告成果。

---

① 回朝述职指官员回到京城，向皇帝报告事情。中国地域很广，有许多官员派驻各地，皇帝为了能掌握地方状况与了解人民心声，要求地方官员每隔一阵子就要回到京城述职。

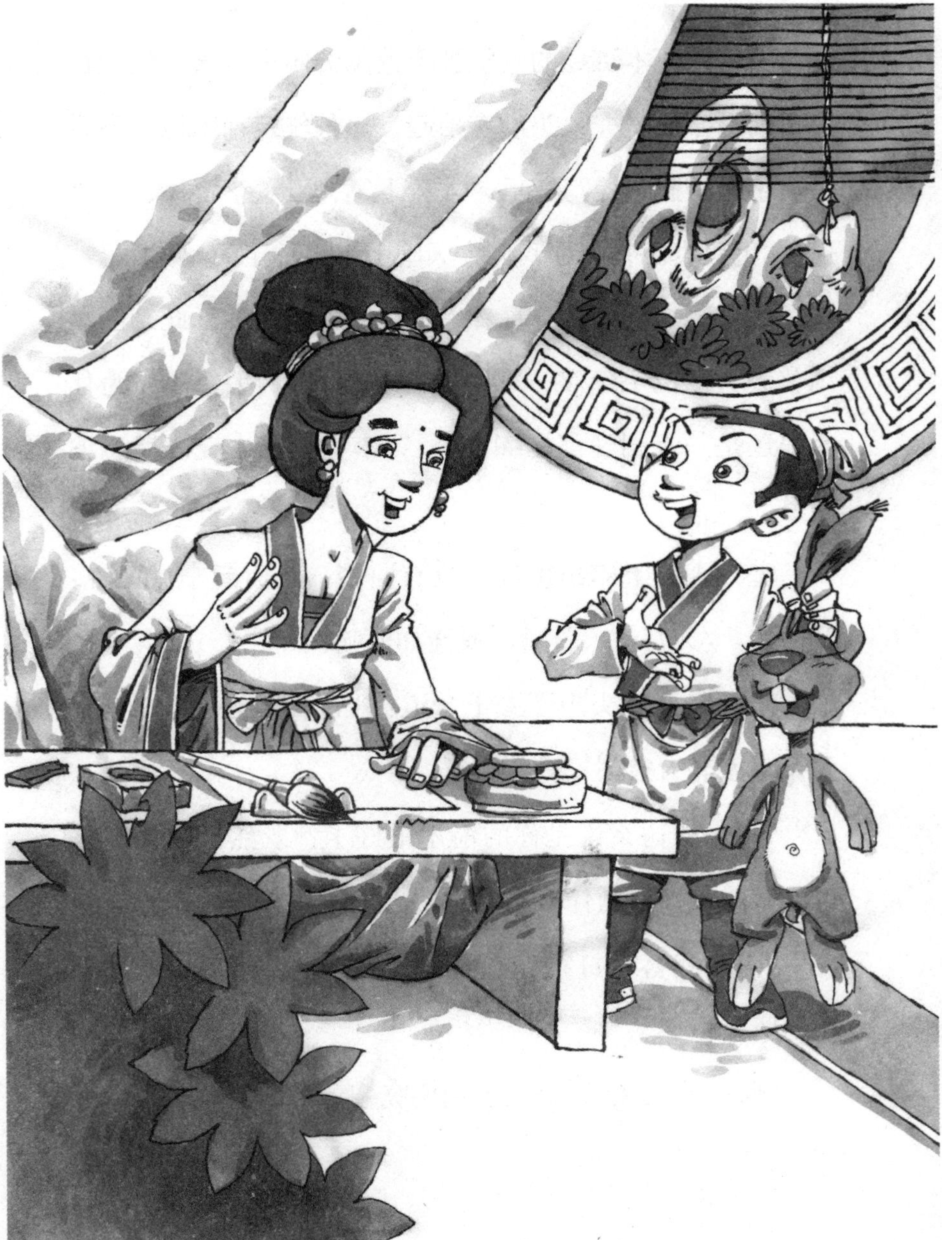

书房中原本沉稳的气氛被李世民的叫声打破，但坐在书桌前写字的窦夫人头没有抬起，而是气定神闲地将最后一个字的一撇一捺写完后，才放下笔，看着李世民，微笑道："世民真厉害，那我们今天晚上有口福了。"

"娘，"李世民倾身看着桌上，原本雪白的纸此刻已写满整齐秀丽的毛笔字，"大家都说娘写得一手好字，为什么娘还是一天到晚都在练字啊？"李世民眼中充满疑惑地问道。

窦夫人脸上露出微笑，没有回答，反而问李世民说："世民，今天其他人打猎的成绩如何呢？"

李世民抓着头想了一下，道："王家两兄弟都没有猎到，陈家老大猎到一只兔子。"

"嗯……这么说是你的箭术最好了？既然世民已经是最厉害的了，那为什么还要常常去练习呢？"

"因为我喜欢打猎呀！而且我的箭术还比不上爹跟大哥，所以……"

"所以什么呢？"窦夫人用明亮智慧的眼睛看着李世民问道。

"所以才要多练习。"李世民年纪虽小，但自幼聪明灵巧，想了一下后，恍然大悟道，"我懂了，不管是'写字'还是'打猎'，都是要一直练习才会有好成绩，而对于自己喜欢的事情，练习一点都不辛苦，反而是很快乐的事。"

窦夫人摸摸李世民的头，欣慰地说道："没错，你知道晋朝的王羲之怎么教儿子练字吗？"

"王羲之？王羲之……喔，就是娘最喜欢的书法家，娘总是拿着他的字帖练字，他也有儿子喔？"

"没错。"窦夫人看着李世民说，"王羲之人称'书圣'，写得一手好字。他的儿子叫王献之，王献之在跟你一样大的时候，请他爹告诉他写好字的秘诀，王羲之只是用手指着院中十八口大水缸告诉他说，用这些缸里的水磨墨，等到水用光了，就知道秘诀了。"

李世民吐了吐舌头，大叫："十八缸水，等写完不就累死了？"

窦夫人拍了一下李世民的头，道："王献之后来也成为大书法家，人称'小圣'，与王羲之合称'二王'。天下没有不劳而获的事。王献之小小年纪就有决心可以练完十八缸水，你与他年纪相同，志气怎么会如此不同？"

李世民听了很惭愧，同时也升起了一股不服输的傲气，暗中下了决心。他抬起头，大声且坚定地说道："娘，您教训的是。世民从今天开始，除了每日练习骑射外，也会勤勉习字，绝不会让您失望的。"

从那天起，李世民每日除了习武外，也认真地习字。习字就是练书法，这门艺术需要聚精会神地读帖、临帖，因此也培养了他的耐心与恒心。长时间下来，李世民不仅武艺过人，更写得一手好字。

话说李世民自从出生后，因父亲李渊在全国各地任官，他便随着父亲游历了大江南北，因此也熟悉各地的风俗民情。他的个性不拘小节，不论是贵族子弟还是贩夫走卒都乐于结交。这年，李世民十五岁，随着父亲的调动回到了京城大兴，在大兴城东边的府邸居住下来。

棋书缔亲，天作之合

月亮是十五的满月，夏天的蝉"吱——吱——吱——"作响，大兴西边的高府书房里，老爷高士廉与外甥长孙无忌正在讨论外甥女的婚事。

"无忌啊,你说说看,放眼京城中,哪家子弟配得上我们家静儿?"高士廉四五十岁上下,有着胖胖的身材,穿着蓝色的长袍坐在太师椅上,开口问道。

坐在前方椅子上的是一个气质儒雅沉稳、作文人打扮的年轻人,听到这话眼睛才从书本中抬起,道:"舅舅,妹妹年纪还小,这事不急吧。"

"什么不急,我朝女子都十岁上下就婚配,要不是你爹过世得早,你们兄妹俩早就完成婚姻大事了。这事说来是舅舅的疏忽,千万不可再拖下去了。"长孙无忌与妹妹长孙静出身军事名门,父亲是隋朝大将军,但因为父亲早逝,两人自小就随着母亲在舅舅家长大。高士廉是隋朝有名的文人,兄妹俩自幼跟着高士廉读书,不像将门之后反倒更像是出身书香世家。当时两兄妹分别是京城中年轻男女仿效的对象,长孙无忌以机智儒雅、博学文史见长,而妹妹长孙静则以灵慧聪颖、礼仪通达闻名。

长孙无忌向来尊重舅舅,听高士廉这么坚持,只能回复道:"舅舅说得是,一切听您的。"

"呵呵……这么说你也同意了，那……"高士廉就等长孙无忌这句话，当下接着问道，"今天下午我经过书房，看到你的一群朋友中，有一个穿着蓝色打猎服装的年轻人，相貌堂堂，仪表出众，尤其他写得一手好字，用笔遒劲，字体洒脱自在。他是何家子弟？"

长孙无忌看了舅舅一眼，好笑道："您都已经有属意的人选了，还问我？"长孙无忌回想昨日书房的情形，他与一群平日交好的朋友正在聊最钦佩的书法家，有人说"秦朝李斯、汉代蔡邕"，也有人说"草圣张芝、曹魏钟繇"，只有李世民坐在一旁没有出声，微笑看着大家。

"世民，你说说你最喜欢的书法家是谁？"李世民听了没有回答，只是起身走到书桌前拿笔挥毫数字，然后拿给大家看，眼神中闪着光芒，开口道："你们猜猜看。"

只见雪白的纸上写着五个黑色大字：之之之之之。虽然都是"之"，但每个字都有不同的表现，有工整雄健的"之"字，也有如行云流水般的"之"字。

"要你写书法家，你写五个'之'字做什么？""历代有哪一个书法家的名字是'之之之之之'的？"大家一片哗然，七嘴八舌地讨论着。

长孙无忌看了，心思一转已明白，当下佩服赞道："妙啊！高明！以'之'字点出王羲之的《兰亭集序》①。我只知世民你精于射猎，不料竟也写得一手好字，真是深藏不露！"

长孙无忌沉思了一阵子，心想："舅舅应该是那时经过的。"才拱手回道："他是唐国公的二公子，名为李世民。前阵子才回京城，是我最近新认识的朋友。"

"唐国公……唐国公是李渊……李渊……"高士廉突然用手大力一拍桌，喜道，"巧，巧，巧，真是太巧了。果真是英雄所见略同。"

长孙无忌一脸狐疑地望着舅舅，问道："什么巧？所见略同？舅舅您是指什么？"

---

① 《兰亭集序》是晋朝书法家王羲之在喝酒微醺的情形下，挥笔写下春天三月游玩饮酒热闹的情形，全文一气呵成，恣意挥洒，是书法经典之作，被称为"行书第一"。其内容中出现二十几个"之"字，每个"之"字写法都不同，千姿百态，令人赞叹不已。李世民自幼随母亲窦夫人临摹王羲之的字帖，对王羲之字体模仿得几近神似，加上《兰亭集序》以"之"字闻名，所以长孙无忌一看，马上就猜出李世民的谜底。

"呵呵呵！很久以前我曾跟你爹，还有你伯父随口谈到静儿的婚事。"高士廉摸着下巴上的胡子回想道，"当时你伯父曾说：'李渊的夫人窦氏是位奇女子，这样聪慧的母亲必有不凡的儿子，搞不好可以与静儿婚配。'"

　　原来窦夫人是前朝皇帝北周武帝的外甥女，北周武帝十分疼爱这位聪慧的外甥女。当年，北周武帝不喜欢皇后，才十一二岁的窦夫人对北周武帝说："皇舅娶皇后，是因为皇后是突厥公主，想要安抚突厥，与突厥和平相处。希望皇舅以天下苍生为念，多多抚慰皇后，这样，突厥就找不到借口趁机作乱了。"窦夫人小小年纪就有不凡的见解，人们都以"才女"称之。

　　"原来还有这段故事啊，舅舅与伯父都相中李世民，果真是巧。"长孙无忌惊奇道，"嗯……若是李世民，"沉吟了一会儿，"跟妹妹倒是挺相配的。"

　　"呵呵呵！那就这么说定了，我明早就去唐国公府提亲。"高士廉笑道。

　　同时间，京城东边的唐国公府中，李世民望着窗外的满月，想着今天在高府中的情形，他想的不是高府书房中讨论书法的那幕，而是高府花园中一起下棋的姑娘，那位姑娘的机智与美丽令他印象深刻。

当时李世民离开书房透透气，不知不觉地走到高府的花园中，高府花园不大但十分雅致，小桥流水，松树奇石错落有致，微风徐徐吹来，李世民整个人都觉得清爽了起来。花园中央有一座凉亭，李世民朝着凉亭走去，想去那儿坐着乘凉。一进亭，才发现凉亭桌上有一个黑白子棋盘，一位穿着白衫的姑娘坐在亭中，脸被手中的《孙子兵法》遮住，只听见清脆的声音从书后传出："敌众我寡……这该怎么解呢？"

李世民听到这话，仔细瞧了瞧棋盘中的局势是黑棋胜过白棋，想来这位姑娘是在为白棋寻找反败为胜之法。李世民沉思了一会儿，举手拿起白棋往棋盘中一摆，朗声道："这样下如何？"

姑娘一听到有人出声，抬头才发现凉亭中不知什么候已经多了个穿着蓝色打猎服的年轻人，这个年轻人五官中最明显的就是那双清亮且炯炯有神的眼睛。此时李世民

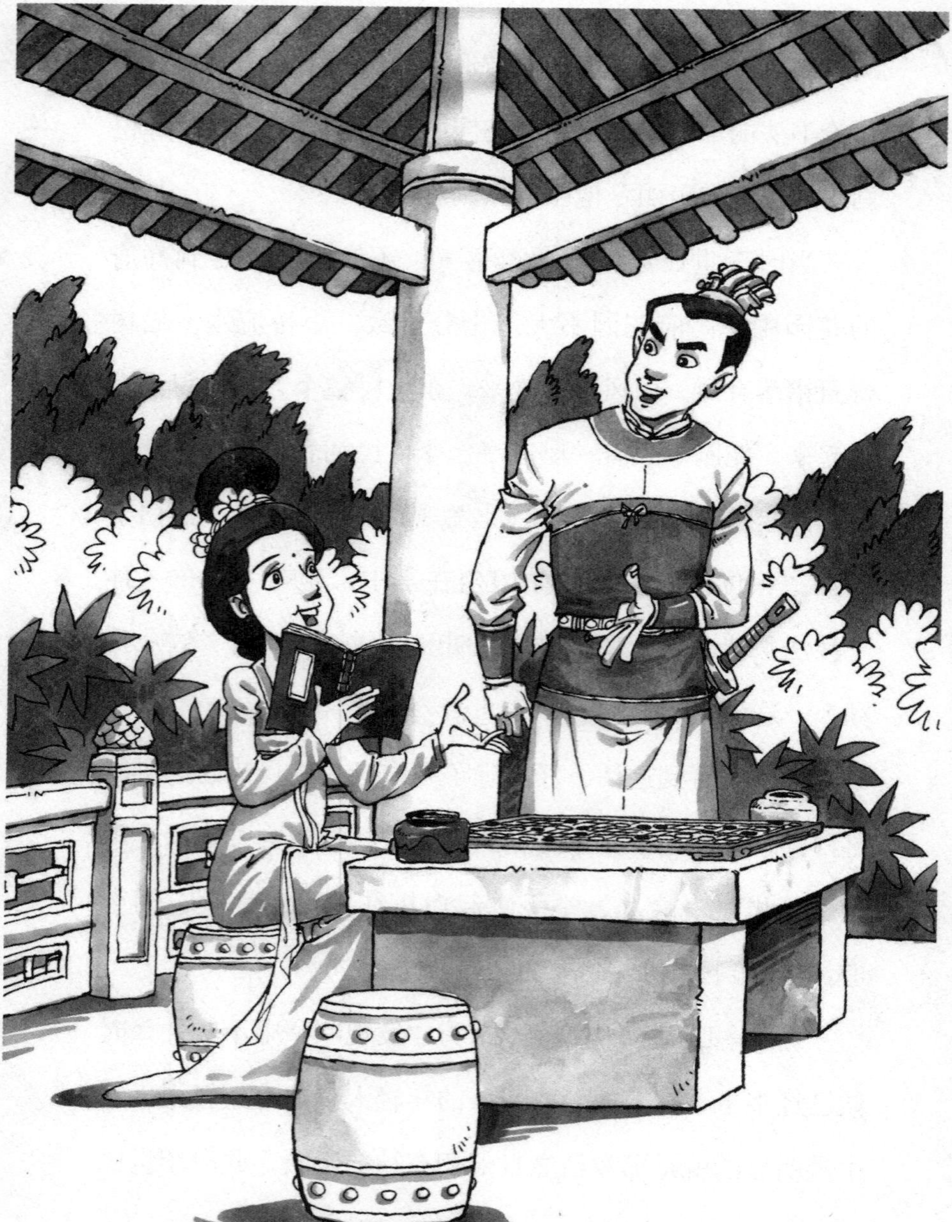

也看到对方是一位气质清新、五官秀丽的小姑娘。姑娘水汪汪的眼睛向棋盘一瞥，发现原本处于劣势的白棋已经逆境重生，杀出一条生路来，姑娘心想："这位公子这步棋下得真是奇险，不过倒也是个突破困局的办法。"她不服输的好胜心被挑起，思索片刻后，拿起另一颗黑棋，清声道："若是这样……"伸手将黑棋往棋盘中一摆，白棋所杀出的一线生机又被封锁住了，姑娘抬起头，用挑战的眼神望着李世民道："白棋又该如何呢？"

李世民被姑娘这步高妙的棋挑起了兴趣，当下坐了下来，认真地与姑娘下起棋来。两个人可说是棋逢对手，双方都十分投入，连天色暗了也没察觉。

这位姑娘就是长孙静。她自幼喜欢下棋，棋艺高超，放眼京城只有哥哥长孙无忌可以跟她匹敌，平日也只能自己一人扮演白棋与黑棋两方，自己对下。今日好不容易遇到一个对手，当然不愿放过。长孙无忌久等不到李世民回书房，于是亲自到花园找人，正好看到李世民伸手放下最后一子白棋，打败了长孙静。

长孙静望着棋盘愣了一下后，没有生气反倒嫣然一笑，道："公子棋艺高超，长孙静甘拜下风。"长孙静笑时，五官更显得灵动，李世民被这笑容吸引而呆住，直到长孙无忌拍了他一下才醒过来。

此时的李世民与长孙静都还不知道两人的终身大事，已经借由王羲之的书法与一场棋局而缘定了。

话说高士廉隔日就去唐国公府，为自己的外甥女提亲。李家早就听说长孙静的名声，当然欣然接受，这对年轻的佳偶就这样缔结了一段美好的姻缘。

婚后两人的感情十分融洽，长孙静自小爱好读书，思虑周密，常能协助李世民做出正确的决定。李世民与妻子两人还常常用下棋来推演《孙子兵法》的攻防之术，这对李世民日后领兵打仗有很大的助益。而长孙无忌与李世民年纪相仿，一个能文一个能武，因着亲戚的关系两人更加亲密，长孙无忌成了日后李世民打天下不可或缺的重要人物。

少年英雄，初露头角

此时，隋文帝已经过世，由他的二儿子杨广继位，后世称之为隋炀帝。隋炀帝在位的这几年间，隋朝国力已经远远比不上他父亲隋文帝时，因为他的个性好大喜功，短短数年间就发动了三次远征高句丽的战争，结果不但没有将高句丽征服，反而浪费了许多人力与金钱。为了打仗，朝廷只好不停地招募军人，许多农民被迫离开田地从军去，田地长时间无人耕种只能任其荒芜。农地没有生产米麦，老百姓就没有东西可以吃，许多军人留在家乡的妻小都饿死了。除此之外，隋炀帝又开凿南北运河与新建宫殿，造成更多家庭家破人亡。于是全国各地反隋的叛变像火苗般，一处一处点燃蔓延。

大业十一年（615年），隋炀帝出巡北方边塞，突厥突然率十万骑兵来袭，将隋炀帝围困在雁门，动弹不得。隋炀帝急得将亲手写的诏书塞在竹筒中，顺着水流流出，命令全国各地的军马赶来救他。李世民也奉父亲李渊的命令，赶到雁门救皇帝。李世民到了雁门后，先花了数天观察当地地形，并打探了突厥与隋军的兵力状况后，才求见驻扎当地的将军云定兴。

军营内，烛火映照着雁门的军事部署图，里头坐着全副武装且好几天没睡的云定兴将军。

"云将军,在下李世民,谢谢您的接见。"李世民向前拱手敬礼道。

"废话少说!年轻人,你说有解救陛下的计划,我才见你的。你最好是不要浪费我的时间,有好计谋就赶快提出!"云定兴怀疑地看着眼前这位双眼有神的少年道。

李世民并没有被云定兴威胁的话语吓到,当下从容朗声道:"如今敌众我寡,敌强我弱,前去救援只能用险招,'昼见旌旗,夜闻钲鼓'。"

"此话怎讲?"云定兴问道。

"突厥人敢围攻我朝陛下,一定是仗着……"李世民停顿了一下,才缓声道,"国内情势不稳,兵力四散,紧急间,我们无法集结大量的军队救援。"

云定兴苦笑了一声,他想到国内各地的反隋暴动,道:"明眼人不说暗话,小兄弟这两句'国内情势不稳,兵力四散'真是太轻描淡写了,我看应该改成'岌岌可危'才是。"

"所以只能以险制胜,赌上一赌。"李世民用坚定的眼神直视着云定兴，道，"请将军大张军容，多设营帐及火灶，白天在远近数十里间插满幡旗，夜晚则擂鼓相应，火灶不息。同时，派遣几位通突厥语的士兵假扮成突厥兵，到突厥阵营中散布我大军已抵达的消息，让突厥人误以为我方大队救兵已到而撤兵。"

云定兴稍加思索，利害立见，当下依着李世民的计谋行事。果然，突厥人中计，突厥侦察兵回报："隋朝大军来了，从扎营数十里来判断，军队人数众多。"散布谣言者也在突厥军中搞得人心惶惶，突厥只得匆忙撤围，引兵退去。这是李世民首次崭露头角，这一年他只是个十六岁的少年，这次事件可看出李世民敏锐的战略头脑与英雄胆识。

突厥退兵的当晚，隋炀帝举行了盛大的庆祝晚宴，要借着盛大的宴会，好好弥补自己被围困这阵子的郁闷，其中当然也免不了对云定兴以及李世民的奖赏。这场庆功宴上，李世民的脸上微笑没有停过，许多人都来向他敬酒道贺，他的目光偶尔瞥向坐在上位已经醉醺醺，与侍女调笑的隋炀帝，心中若有所思。当庆功宴结束后，李世民微醺

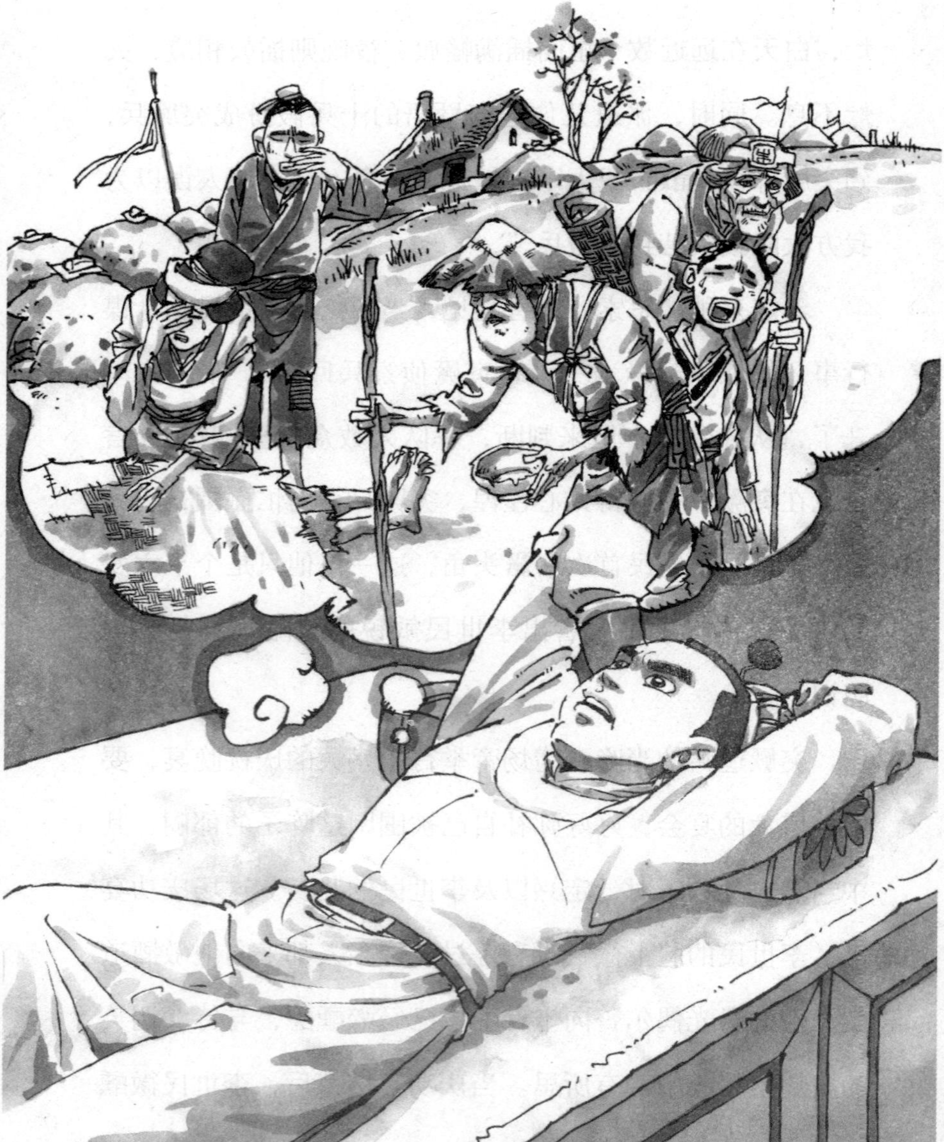

地躺在床榻上休息，脑海中却浮现一幕幕来雁门路上所看到的情形：田地荒芜，房屋倾倒，街头遍布游民与乞丐，这样的情景让人看了心头都为之一酸；对照着庆功宴上大鱼大肉、歌舞喧哗的情形，李世民眉头深锁，心中第一次产生了疑惑："陛下算是好皇帝吗？我真的要对这样的皇帝尽忠吗？"

往后的数年，许多人将李世民心中的疑惑付诸行动，他们觉得隋炀帝是个不合格的皇帝。百姓在隋炀帝的统治下过着水深火热的生活，人民纷纷起来反抗，而后汇流成三股最主要的势力，分别是：李密领导的瓦岗军、占据河北的窦建德，以及霸据江淮的杜伏威。这三股势力就像是三把锋利的刀，插向隋王朝的心脏。

2. 建立唐朝

培养实力，潜结英俊

话说，李世民的疑惑同样也在李渊的心中回荡着……

大业十三年（617年），李渊被隋炀帝任命为太原的留守①，李渊出发前找来了李建成、李世民与李元吉三个儿子面谈，并交代他们事情。

"明日我将出发至太原，路途遥远，世民跟我一道去。建成你是哥哥，你跟弟弟元吉一起留下，在河东好好经营。"李渊道。

李元吉年纪最小，自小好勇爱斗，听到李渊的话后，

---

① 留守：古代的官名，专门被派到京师、陪都或是重要的军事重地上，管理当地的军队、百姓与财政相关事务的高级官员。李渊等于是太原的最高官员。太原自古就是各朝代西北方的边防重镇，形势险要，历来是兵家必争之地。

当场出声大叫道："爹，您不公平。为什么只让二哥去？我也要去。"

李建成虽不出声，但脸色也不好看，心中暗想："爹什么都让二弟去，之前已经让二弟去救陛下，出尽了风头。也不想想谁才是长子……"

"元吉，不准胡闹，爹让你和建成留在河东是有重要的事要交办你们的。"李渊望着神色不满的李建成与李元吉，以及在一旁默不出声的李世民，端出父亲的架势，严肃地说道。

"爹，什么重要的事？"李建成问道。

"潜结英俊，密招豪友。"李渊走到李建成与李元吉的面前道，"我观察河东这个地方，地灵人杰，人才辈出。目前天下局势动乱不安，日后会怎样谁都不知道。只有培养好实力，才能应付未来不可知的局势。"李渊看着李建成与李元吉，拍拍他们两人的肩膀道。

李渊这段话，虽说得很不清楚，但三兄弟都是聪明人，当场就明白李渊已经有起事的打算，才会要他们暗中招募人才。三人当下心中都觉得热血澎湃，李建成与李元吉立即拱手，大声说道："孩儿遵命，一定不会辜负爹的期待。"

出发前往太原之前，李世民与长孙无忌骑马到城郊附近。此时秋天的山林已经褪下绿色的装扮，染上一层少女般娇羞的红晕。凉风微微吹来，马儿脚踩着满地火红的枫叶沙沙作响，李世民英姿勃发地骑着马，突然他朝着旁边的长孙无忌道："无忌，我们来比赛，看谁先骑到前方那个山坡上。"说完，拉着缰绳，双脚用力一夹，往前冲去。

"喂喂喂，世民……说是比赛，你都先跑了，还比什么比？"长孙无忌看着李世民的背影大声喊道，赶快拉紧缰绳追上去。

等长孙无忌到达山坡上，李世民的马早已悠闲地在一旁吃草，李世民站着不动眺望远方。长孙无忌走到李世民身旁，随着李世民的眼光望向远方的城郭，开口道："说吧，世民，你要说什么？照顾静儿的话就不用说了，这个我自然会做。"

李世民听了豪气地大笑，心有所感地说道："无忌，你真是我生平的知己。我尚未开口，你就知道我心中所想。

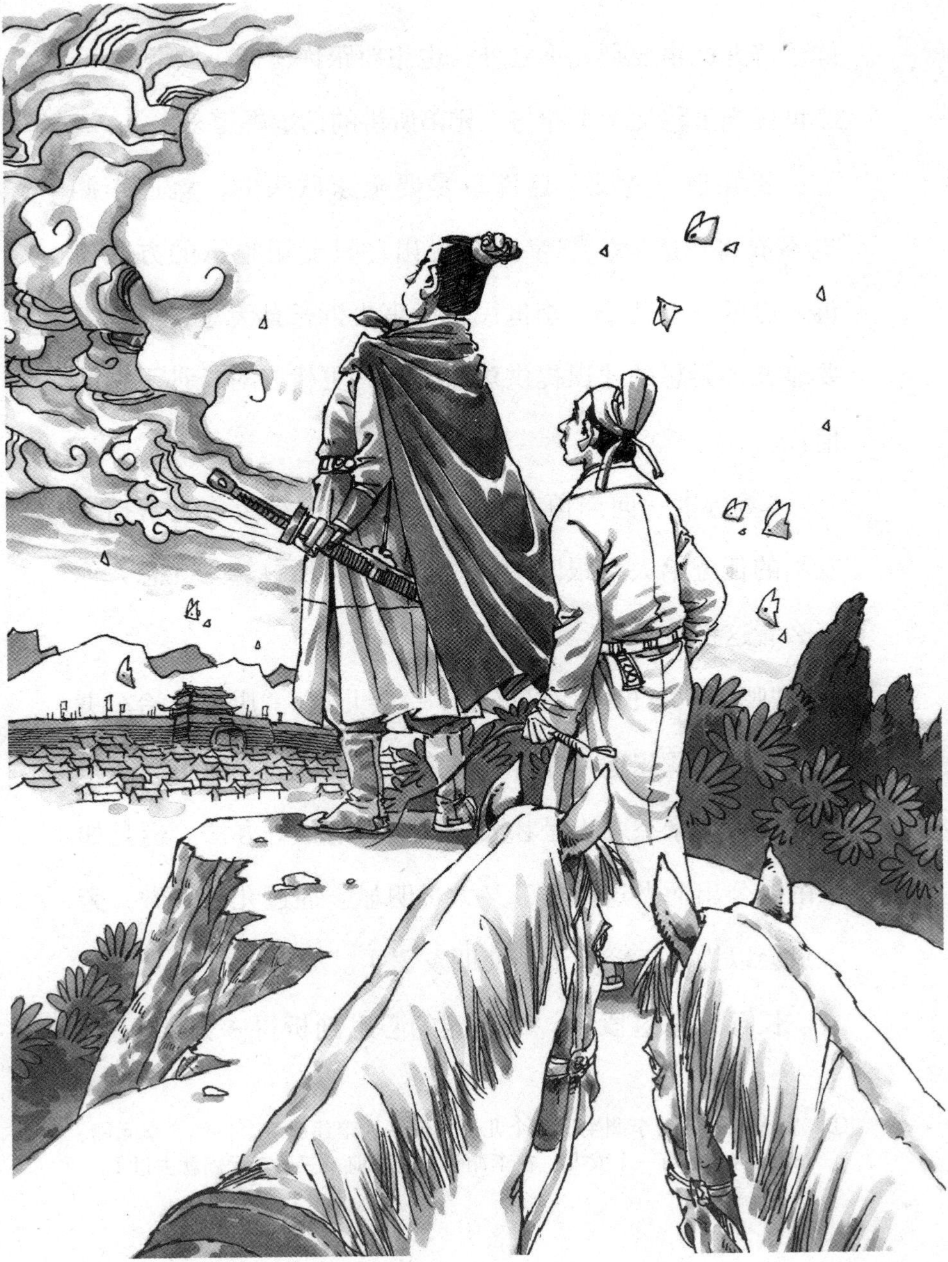

除了静儿的事要拜托你之外,也想要跟你讨论一件事……"李世民当下将父亲李渊与三兄弟所讲的话娓娓道来。

要知道"造反"这件事是要全家砍头的,就连李渊也不敢将"造反"二字明白说出,只能用暗示的方式告诉自己的三个儿子。李世民将此事告诉长孙无忌,除了需要靠长孙无忌的才谋提供建议之外,更代表对长孙无忌的信任。

"爹行事一向谨慎小心,会交办'潜结英俊,密招豪友'的任务给大哥跟四弟①,应该是有所打算。无忌,你怎么看这件事?"

"嗯……"长孙无忌沉思了一会儿道,"唐公政治军事经验丰富,我想他是在等待一个好时机。而在时机尚未来临前,结交豪杰之士是壮大自己实力的最好办法。但是如果由唐公出面做这件事,又太过明显。通过儿子来做,旁人只会以为是年轻人爱结交朋友罢了。"

长孙无忌这段话,将李渊的心思剖析得一分都不差,

---

① 窦夫人一共为李渊生下四个儿子,依序为李建成、李世民、李元霸、李元吉,还有一个女儿。在李渊建立唐朝前,三子李元霸就去世了。

只是他无法理解的是：为何留下建成与元吉，只带着世民前往太原？但他聪明地没有将此点出，因为父子与兄弟间的关系是旁人最难置喙的。

"无忌，你说得没错。天下纷乱，百姓流离失所，若能有一人，出面号召天下英才，拨乱反正，这才是百姓之福。"李世民说出此豪气干云的话，突然话锋一转，"太原……太原与河东历代以来都是军事重镇，一样人才济济，你知道太原有什么豪杰之士值得结交吗？"

"唔……这么说倒是有一个人，具备经世韬略之才……"长孙无忌缓声道。

狱中谋划，太原起兵

李世民随李渊到太原后，就到处打听长孙无忌所说的人，这个人是谁呢？

他名叫刘文静，也是官宦世家出身，在太原担任晋阳县令多年。但因为与插向隋朝心脏上的一把刀——瓦岗军李密是亲戚而受到牵连，被摘了乌纱帽，关在监狱里。李渊身为太原的留守，是太原最高的官员，李世民是李渊的儿子，要到狱中见一个人当然不是难事。李世民打听到刘文静被关于何处后，便私下安排到狱中见刘文静。

监狱里。

"二公子，关在那里面的就是刘文静。"狱卒指着最远处的牢房。

狱中光线昏暗不清，隐约看到牢房中一个人坐着的身影，李世民从怀中摸出一袋碎银，压低声音道："这点小意思请你和兄弟们喝酒，这里我帮你们看着，你们放心地去酒楼休息一下。"

狱卒兴高采烈地接下，将一干人等都带走，只留下李世民。

牢房中一个精瘦的中年男子坐在稻草堆上，望着李世民，声音沙哑无力地说道："我都说我不是李密的同伙，不管怎么问，我还是不知道瓦岗军的事。"

"刘先生，误会了。在下李世民，听闻刘先生有经世之才，特此入狱相见。"

"哈哈哈……"刘文静大声狂笑道，"哈哈哈……在此乱世中，徒具经世之才有什么用？还不是身陷牢笼，一筹莫展。"

"俗话说，时势造英雄。在此乱世，正需要有才之士，同心齐力来拨乱反正。"李世民话说完，双眼炯炯有神地望着刘文静。

李世民这番雄心壮志的话，如同在刘文静平静的心湖中投下一块巨石，打动了刘文静。刘文静个性耿直，一向自视甚高，做不来逢迎巴结的事。而隋炀帝只宠幸会拍马屁的官员，所以刘文静虽当官许久，一直都只是地方上小小的县令。刘文静从来没有想到，会有人赏识他而到狱中相见，心中既喜悦又感动，激动地说道："承蒙李公子看得起，我定当鼎力相助。"当下敞开心胸，与李世民详谈了起来……

"当今天子放着京城大兴不管，只在江南享乐。天下局势，大贼占据州县，小盗盘踞山头，急需一位名正言顺的君主来平定这乱世。"刘文静道。

李世民听出这话里的玄机，马上接着问："何谓'名正言顺的君主'？"

刘文静眼睛直盯着李世民,缓声道:"先入关者为王。"

"先入关者为王……先入关……"李世民寻思,突然低喊,"你是说先攻取大兴?"①

"没错。"刘文静随手拿起稻草秆,在地上画了两个圈,"我在此地担任县令多年,太原地区的百姓,在我的召集之下,大约有青壮男子十万人。唐公手握太原兵权,也有数万人。太原与大兴——"他指着地上两个圈圈,中间画了一条线,接着说道,"相距不远,只要一揭旗帜起兵,乘虚取大兴,不用半年,即可号令天下,完成帝业。"

李世民听了刘文静这番话,内心更确定了起兵反隋的念头。之后的日子里,他便常常来牢里找刘文静商议事情。

另一方面李世民将刘文静这番话告诉李渊,李渊心中

---

① "入关者为王"的典故出自项羽与刘邦的故事。秦朝末年,天下大乱,项羽及刘邦都起兵抗秦,当时楚怀王与各路反秦义军约定:"谁先入关,就可以当王。"刘邦虽然比项羽早一步入关,但却因兵力比不上项羽而退让,项羽自称"西楚霸王",封刘邦为"汉王"。秦朝首都为咸阳,"入关"指进入函谷关。函谷关是咸阳的咽喉,一旦攻破,咸阳就基本无守。隋朝的首都是大兴,刘文静以"入关者为王"暗示占领大兴。

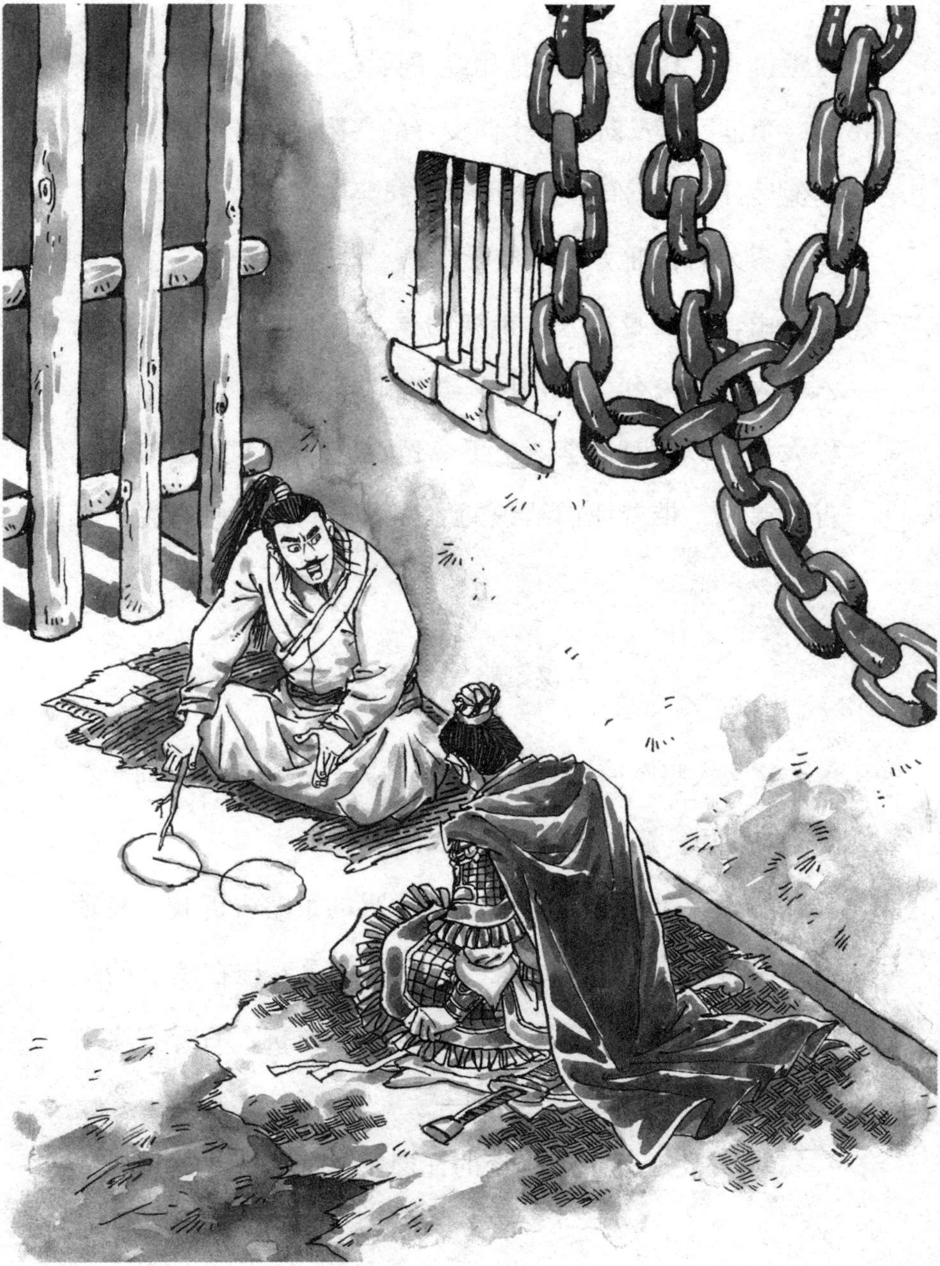

也觉得非常有道理，但他始终按兵不动。虽然他身边的亲信、李世民以及向来与李渊交好的晋阳宫副监裴寂，一直劝他早日行动，但李渊心中对于起兵一直犹豫不定。

不久后，北方突厥突然南攻，正好给李渊一个募兵的理由，加上身边人的推波助澜，远近豪杰壮士纷纷加入。大业十三年（617年）李渊正式宣布起兵反隋，自称大将军。同时，李渊也下令留在河东的李建成与李元吉兄弟俩，带着他们结识的才俊志士们，迅速前往太原会合。

奇谋策略，平抚二敌

这天大将军府中，李渊父子四人与长孙无忌、刘文静等一群谋臣一起商讨起兵后的策略。

"文静，世民将你之前进攻大兴的策略告诉我，我觉得你说得很有道理。可是……"李渊看着挂在墙上的地图，"若朝着大兴进军，前方要与隋军对抗，右方有突厥虎视眈眈……"

"左方还有你亲戚李密的瓦岗军，这个情势怎么看都不太妙。"李元吉挑衅地看着刘文静道。李元吉这话一说出，气氛立刻变得很尴尬，刘文静的脸色尤其难看，而李建成则在一旁等着看好戏。李建成与李元吉都十分在意没有参与太原起兵的决策，因为那时他们都在河东，起兵是李世民与刘文静主导，而李元吉对于李世民自小就存着较量的心态。

"四弟，你说的是什么话！疑人不用，用人不疑，这个道理你不懂吗？"李世民马上斥责李元吉。

李渊这时也出声训诫道："元吉，你说话太不知轻重了。"李元吉只得闭上嘴，悻悻地站在一旁。

刘文静心想："此时若不开口，肯定被误会。但对于李密之事，我最好避嫌。"于是刘文静先把话题转向突厥，开口道："唐公，您说得没错。突厥兵势强悍，与其跟他们为敌，不如一起合作，先安抚他们。"

"一起合作？怎么合作呢？"

"突厥会隔三差五地侵犯中原，贪图的就是钱财宝物。我们可以用利诱交换的方式，给他们金银财宝，交换作战所须的马匹。"刘文静答道。

"妙计！妙计！"李世民喜道，"突厥人的马匹，体型高大却动作轻盈，适于长途行军。如果真的成功，我们就可以将交换来的马匹跟中原马匹配种，以后中原的马匹也可以像突厥马一样高大强健。"李世民自小练习骑射，热爱马匹，对于马的品种、饲养颇有一番心得。

李渊听了直点头，表示赞同："那派谁去跟突厥交涉呢？"

刘文静站了出来，眼睛望着李渊朗声道："唐公若信任我，我愿意担任使者，去与突厥交涉。"

"刚才元吉年轻不懂事说的话，文静不要放在心上。出使突厥这个重任，就靠你了。"李渊一句话就将这个重责交给了刘文静，同时也表示了信任。

"突厥的问题解决了，那瓦岗军的威胁该怎么处理？"一直不说话的李建成终于开了口。

李世民看了长孙无忌一眼，长孙无忌当场意会，于是开口道："据我所知，目前瓦岗军正全力攻打东都洛阳，这段时间一定不希望再多一个敌人。我建议可由唐公您亲自写信给李密，表示交好，两军结成同盟，如此双方都不用担心对方随时来攻。"

大伙听了都觉得这是个好主意,于是,李渊故意用谦卑的口吻写了一封信给李密,信里大力吹捧李密。李密接到信后,果然非常高兴,马上认为自己是反隋起兵的盟主,对李渊之后进军的行动抱着旁观的态度。就这样,李渊父子靠着智慧计谋,不费一兵一卒,便平抚了最大的一个障碍——瓦岗军。

一哭转机,建立唐朝

李渊命令四子李元吉留守太原,将军队分成三军,自己统领一军,李建成与李世民各率领一军,浩浩荡荡地从太原出发,全力进攻大兴。出发前,李渊发布了一道军令:"严禁军队伤害百姓,抢夺百姓财物,违者军法处置。"

老百姓这几年来生活困苦,不论是反隋的流民贼盗,还是隋朝的镇压军队,都是看到粮食财物就抢。只有李家军,军纪良好不扰民,因此受到百姓热烈地欢迎。李渊父子与士兵们同甘共苦,身先士卒,一路上披荆斩棘,陆陆续续将占据州县的大贼、盘踞山头的小盗一一收服，眼看渐渐接近霍邑了，军队却受挫于天气与隋朝大将宋老生。

军营里，李渊与李建成、李世民两兄弟、长孙无忌、裴寂等人商讨军事。

"这连日豪雨不停，道路泥泞难行，我们在此扎营已经半个多月了，粮食也渐渐不足，军士们开始浮躁起来，不能再这样下去了。"裴寂苦着脸道。

"裴寂说得没错。"李渊道，"我接到太原来的消息，突厥人蠢蠢欲动，准备袭击太原。我军将士的家人都在太原，若太原遭到侵略，士气肯定更加低落。加上这天气，连老天爷都不肯赏脸，令我们困坐在此。"李渊停顿了一下后，用眼神巡视了大家，才续道："我认为我们应该急速收兵回太原，太原是我们的根本，这根据地绝对不能失去。"事实上，李渊对于"起兵反隋"这件事，内心始终反复不定，因为忠君爱国的思想长久地深植于他心中，他很怕自己被后人视为"乱臣贼子"，所以一遇到阻拦，李渊马上就退缩了。

"爹，我反对。""爹，我也不赞同。"李建成与李世民两兄弟年轻气盛，志在四方，反而没有李渊的这种顾忌。

"雨不可能一直下，天总会放晴，而且刘文静来信说突厥人答应跟我们结盟，不可能这么快就反悔。"李建成劝阻道。

"可是到现在刘文静都没有现身，搞不好突厥人临时毁约，进攻太原。四公子年纪尚轻，我担心他无法应付突厥军……"裴寂一向胆子小，质疑道。

"你多虑了，文静擅长言辞，我相信突厥一定会认同文静的分析，不会毁约的。隋将宋老生有勇无谋，且自视甚高，等天晴后，我军只要派几名轻骑在城门外叫嚣放话，宋老生一定会开城迎战的，只要攻进城内不怕没有粮食。"李世民反驳道。

"不，我觉得还是返兵回太原才是上策……"

"不，不，不，我们应该持续下去，等天晴……"大家意见不一，左一句"回太原"，右一句"坚守在此"，来回不停地争论。

李渊皱着眉头看着众人争论，突然沉声道："我决定了，回太原。"

"可是爹……"

"不要再说了。"李渊抬手制止李世民说下去，"一切就这么决定。天色不早了，大伙回去休息，明天拔营回太原。"话说完，就回营去休息了。大伙看主帅已决定，也只能各自回营，只有李世民还呆立在原地不动。

李建成拍拍李世民的肩膀道："二弟，爹心意已决，我们只能照令行事，你也早点回去休息吧。"说完，也回营去了。

当晚，寂静无声的军营里，突然传来一阵哭声，一开始只是断断续续的哽咽声，后来变成号啕大哭。在寂静的夜里，这哭声更加明显。"是谁在哭啊？"李渊被吵醒，起身披上外衣走到帐外一看，发现李世民坐在地上，哭得两眼红肿，惊讶地开口责备道，"世民，大丈夫有泪不轻弹。你哭成这样像什么话？"

"爹……"李世民一边擦泪，一边哽咽道，"现在军队前进，就能获得胜利；但只要一后退，士气就会溃散。原本是光明正大起兵，现在一遇阻碍就撤退，也会被嘲笑为落荒而逃；更何况敌人若趁此时攻击，就是死路一条。想到死期将至，我不禁悲从中来啊！"

李渊看着李世民红肿但是却依然坚定的眼神，他知道这个二儿子毅力与耐力都比常人持久，叹了一口气摇摇头道："罢了罢了……事情的成败都在你身上了。你坚持不退兵能得胜，就依你的意思行事吧。"

说也奇怪，当李渊决定不退兵后，天气就开始好转，太阳也露出笑脸来。几天后，刘文静带着突厥马百匹与粮草加入阵营，原来他也是因为天候不佳，而被困在半途。李世民与李建成将士兵与马匹重新编列，让休息许久的士兵们练习骑射，待体力与精神都恢复到平日的水准后，就向宋老生正式宣战。

这天，李世民与李建成带着数十名轻骑，来到宋老生坚守的城下，众人齐声开口叫骂道："没胆的宋老生，只会避守城内，不敢迎战，算什么英雄好汉？根本就是只缩头乌龟！"

"宋老生畏畏缩缩，连他手下的人也都胆小如鼠，当

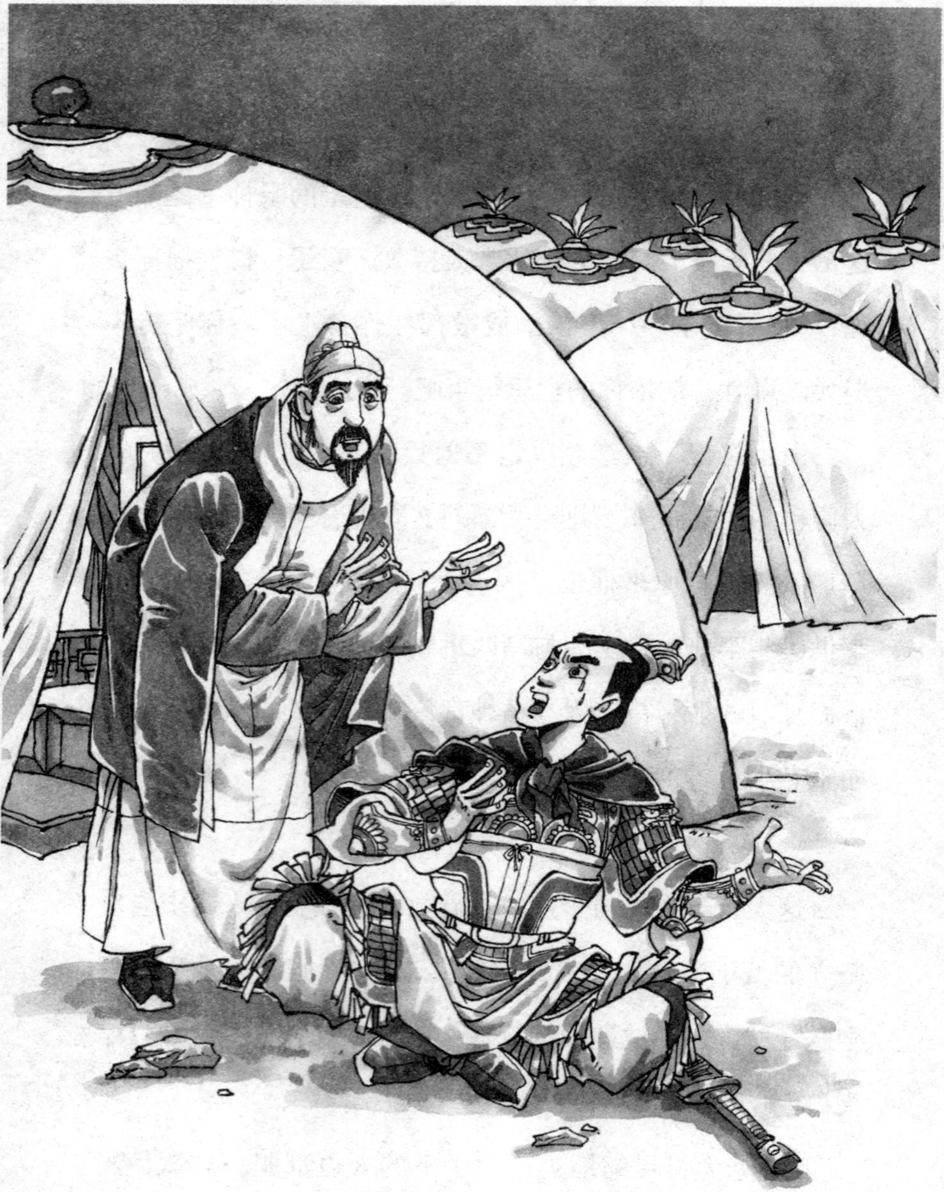

然不敢跟我们勇敢的李家军对抗啊！"叫骂后，李世民跟李建成还用手指指点点互相讨论，大伙哄然大笑。

城墙上的守兵们看到李家军挑衅的举动，每个人都气得牙痒痒，宋老生更是火冒三丈怒骂道："可恶，两个口出狂言的无毛小子，老虎不发威，被你们当成病猫。来人啊，随我出城应战。"话一说完，就骑上马，拿起大刀，开启城门应战。

李世民一看宋老生出城应战，眼神与李建成交换了一下，撂下话："宋老生，有本事来追我。"说完双脚用力一夹，转身往后方奔去。宋老生一听更是怒火攻心，领着士兵追去。宋老生追赶了数里，突然一阵箭雨朝宋老生兵马射来，士兵纷纷中箭落马，这时他才惊觉不对，低喊一声："可恶，中计了。"

原来李世民早在数里外安排了箭阵，箭手们动作迅速整齐，一排射完马上往后换下一排，箭雨密布，宋老生的军队为了寻找遮蔽早已乱成一团。此时，李建成领兵从后方包围，切断宋老生回城求援的道路。宋老生就像瓮中之鳖一样，前有李世民，后有李建成，两侧又有飞箭袭击，完全被包围住。双方展开激战,在一片混乱的情形下,李家军又放出话来:"已经抓到宋老生了!已经抓到宋老生了!"

隋军以为主帅被捕,军心大失,不一会儿工夫,隋军死的死降的降,宋老生在混战中被一刀砍死,失去守门将领的城池也很快被攻下。李世民用毅力与妙计赢得了这场关键性的胜利。

城墙上,改挂上李家军的旗帜,李渊下令:"严禁伤害百姓,城中一切照旧,并开谷仓,济饥民。"

几天后,李世民与长孙无忌在城内街上漫步。"无忌,你看城中的百姓生活又恢复了常态,仿佛日前的那场大战没有发生一样,希望老百姓能一直像这样安居乐业。"李世民看着街上店家开店依旧,街上老百姓脸上没有任何恐惧的表情,微笑道。

"也多亏你这个'开谷仓'的提议,才能将城内的民心马上稳定下来。"想起李世民半夜号啕的哭声,长孙无忌笑谑道,"古有孟姜女哭倒长城,没想到你这一哭,竟也有同样的效果,让我军攻掠下一城。"

李世民一听脸都红了,讷讷道:"无忌你别笑我,我那时真的想不出办法来,急得快哭出来了,才心生此计……"

"大丈夫做事情不拘小节。你这一哭,可说哭得正是时候啊!哈哈哈……"长孙无忌不放过这个难得的可以取笑李世民的机会。

确实如长孙无忌所言,因为李世民不放弃的坚持,打赢了这场取得大兴前的重要战斗。自此以后,李家军一路势如破竹。不到半年的时间,就攻下了大兴,改立隋炀帝的孙子代王为帝,尊称在江南的隋炀帝为太上皇。隔年,隋炀帝在江都被部下宇文化及所杀,李渊在大兴接受禅让为帝,是为唐高祖,改元"武德",改大兴为长安。立长子李建成为太子,次子李世民为秦王,四子李元吉为齐王,揭开了唐朝帝国的序幕。从太原起兵到建立唐朝,时间正好一年。

3. 一统天下

威服群雄，得罪后宫

唐朝虽然已经建立了，李渊也成了皇帝，但全国各地还是有许多支反隋的军队，许多领导者也都自己称帝封王，割据一方。唐王朝建立后面临的第一个挑战就是：平定各地的叛军。

长安大殿上，李渊望着黑压压一片的文武百官，开口道："我朝新建立，百废待举，而外面又有强敌环伺。朕决定让太子在长安负责处理国政大事，秦王率兵对外作战。"李渊心里是这么打算的：李建成以后会成为皇帝，从现在起就开始熟悉国事，可以培养处理政务的本领，所以留在长安；而李世民熟读兵书，正好实际磨练一下，培养锻炼他成为一个好将领。

李建成与李世民同时站出来，拱手朗声道："儿臣遵旨，定不负父皇所托。"

秦王府书房中。

"无忌，今日早朝上对父皇交办的事情，你有什么看法？"李世民看着坐在前方品茗的长孙无忌问道。

"咳……咳……咳……"长孙无忌一时间被茶呛到，瞪了李世民一眼道，"王爷啊，你就不能等我把茶喝完，再问我这个难题吗？"

李世民微笑道："呵呵……就是因为是难题，才迫不及待地要找你商量。"

"真是好事都不找我，坏事难事才想到我。唉！真是交友不慎啊。"

"哈哈哈！能者多劳嘛。"

长孙无忌无奈地看着李世民，想了一会儿后道："目前天下大势，最主要的几股割据势力，分别是西边的薛举，以及东边的李密、王世充、宇文化及、窦建德等。目前东边对我朝还不会有直接的威胁，所以可以先迎战西边的薛举。"长孙无忌分析道。

"嗯……东边的李密、王世充、宇文化及等人互相征战,我们不用去凑热闹,先隔山观虎斗,以逸待劳。"李世民点点头道,"那就先西后东,先对付西边的薛举吧。"

就这样,一步一步,自唐朝建立,李世民就不停地出征,此后三四年间,先后平定全国各地的势力,如薛举父子、刘武周、王世充、窦建德等。李世民在立下战功的同时,对于有能力的人都非常敬重并以礼相待,所以天下许多名士,像杜如晦、房玄龄等都主动投奔,而尉迟敬德、秦叔宝、程咬金这些降将也都心甘情愿地在李世民麾下效力。

特别是尉迟敬德的投靠,更是让李世民如虎添翼。尉迟敬德勇猛过人,肤色黝黑,人称"黑面将军",最擅长的兵器是"槊"①。当初尉迟敬德带着一群部下投降李世民,没想到,这些部下对唐军很不满,趁着半夜都逃走了。李世民手下军官一发现,不管三七二十一就把尉迟敬

---

① 槊:一种长矛的兵器。

德五花大绑地捉来，等着李世民审问。

"这到底是怎么一回事？"李世民看着把尉迟敬德捉拿起来的军官问道。

"王爷，尉迟敬德的属下全都逃跑了。尉迟敬德一定是诈降，趁这个机会打探我军军情，然后指使部下逃走，准备在别处东山再起。王爷，请您下令处斩尉迟敬德。"军官瞪着尉迟敬德，愤恨地说道。因为唐军很多士兵之前都死在尉迟敬德的长槊下，所以很多人都对尉迟敬德怀恨在心。

"如果是像你所说的，为什么尉迟敬德没有跟着逃走呢？"李世民问道。

"这……这……"军官愣住，过了一会才说，"这是因为他另有阴谋，对……尉迟敬德一定是另有阴谋。"

"这些都只是你的猜测罢了，我待尉迟将军一片赤诚，他不会背叛我的。"李世民反驳道。

"王爷，"站在一旁的长孙无忌，看着双手被铁铐锁住，仍一副心高气傲模样的尉迟敬德，低声对李世民道，"尉迟敬德骁勇善战，自视甚高，现在我们已经将他捉拿，不管他有没有造反之心，只怕日后也会怀恨在心，继续留在军中可能会成为后患。"

李世民环顾军营中众人，没有一个人为尉迟敬德求情，暗自叹了一口气后道："不要再说了。没有证据，就杀降将，这样以后有谁敢投靠我军？快将尉迟将军松绑。天色已晚，你们先下去休息，我跟尉迟将军谈谈。"

大家看李世民如此坚持，知道以李世民的个性，只要下定决心，就很难改变，只好作罢，纷纷回营休息。

当下帐内只剩李世民与尉迟敬德。

"尉迟将军，你有没有什么话要说？"李世民道。

"没有什么好说的，王爷怀疑我，就将我杀了。反正唐军每个人都看我不顺眼，虎落平阳被犬欺，我认了。"尉迟敬德抬高头，骄傲地答道。尉迟敬德这段话讲得高明，道出唐军缺乏容人的雅量，也暗指李世民是犬。

一般人听到这样不知好歹的话，早就将尉迟敬德拖下去斩了，但李世民却不以为意，恳切地说道："将军是当世的英雄，我一向敬佩将军的武艺及胆识。君子相交贵坦诚，我知道将军身处我军中有许多难处，若你不愿屈就于

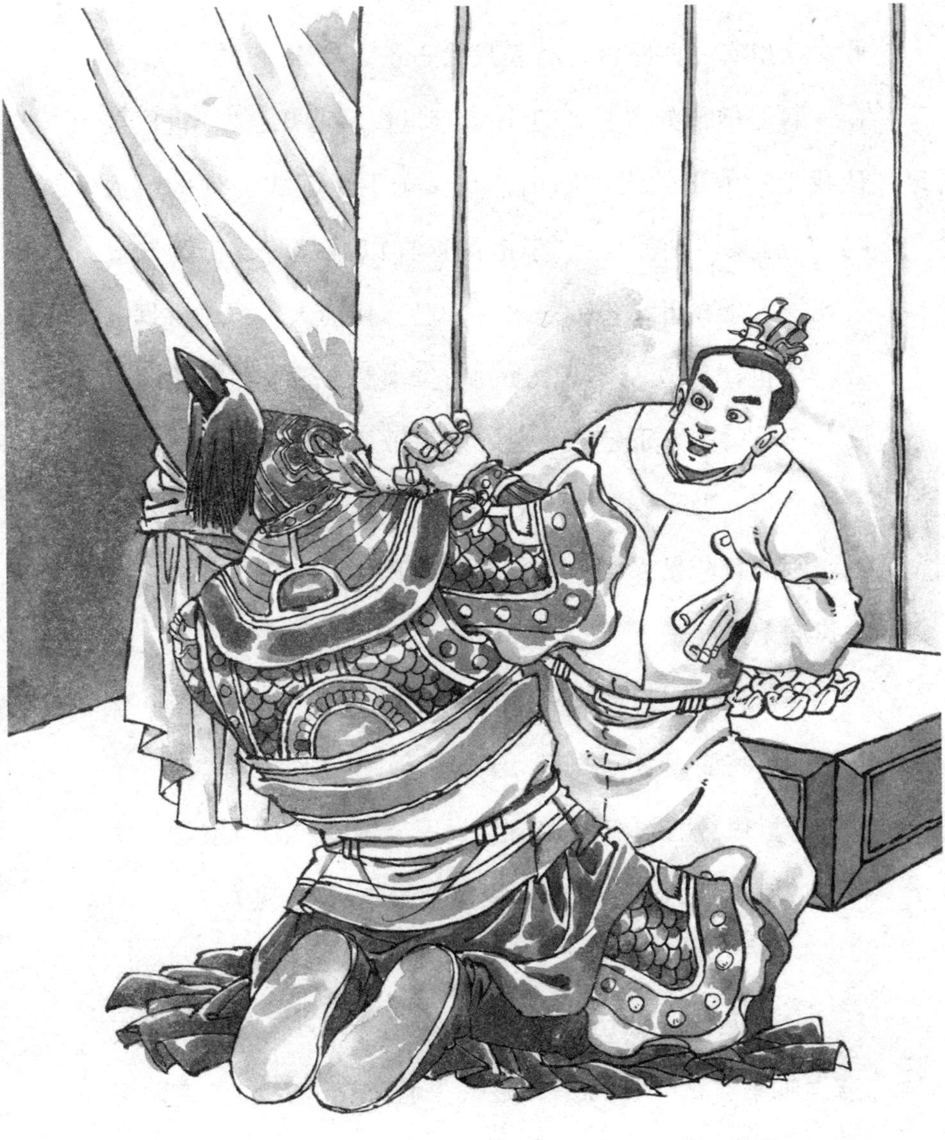

此，这里有一些路资，略表我的心意。"

尉迟敬德先是惊讶地看着李世民，心想："李世民要让我走？他不怕纵虎归山，我又东山再起成为他的敌人吗？"后又转念深思："李世民这样以诚相待，士为知己者死，人生在世，不就是求一知己？目前天下群雄各据一方，李世民容人与赏识人的胸襟，已具备君主恢弘的气度。还是……"下定决心后，尉迟敬德双膝一跪对着李世民朗声道："王爷这样对我，敬德并非草木，岂会不知感恩。所谓日久见人心，敬德不在意其他人怎么看，从今以后我这条命就是王爷的，赴汤蹈火在所不辞。"

"将军快请起，将军肯留下来就是我最大的荣幸。"李世民连忙将尉迟敬德扶起，笑容满面，无比高兴。

李世民凭着自身魅力与慧眼识英雄的能力，就像一块磁铁，使天下的贤士与能将慢慢地聚集到他身边。

武德四年（621年），长安大街上张灯结彩，鞭炮"劈里啪啦"放个不停，百姓们一脸兴奋，站在街道两旁望着城门的方向，引颈期盼着。

"秦王又打胜了，听说这次抓到了反贼首领王世充！"一个年轻小伙子兴奋道。

"年轻人，不止这样，听说连窦建德也都抓回来了。"站在旁边的大叔道。

"那秦王功劳更大了。你说皇上这次会封秦王什么呢？秦王现在已经是太尉兼尚书令①了，好像没有什么好封他的了。你想……"年轻人声音突然变小，"会不会改封秦王为太子啊？"

"改立太子？有可能喔，你想想看，之前隋文帝原本立的太子是长子杨勇，后来不也改立第二个儿子杨广为太子，就是那个坏事做尽的隋炀帝。唉，皇宫里的事，变来变去，不是我们老百姓搞得清楚的。"

突然前方一片喧哗，锣鼓大作："秦王回来了！秦王回来了！""秦王班师回朝了！"

只见李世民骑着高大的骏马，身披黄金甲，经过几年征战的洗礼，他的身形更加壮硕，大将之风表露无遗，眉

---

① "太尉"主管全国的军事，"尚书令"相当于宰相，所以李世民身兼武将与文臣中最高的职位，仅次于皇帝李渊与太子李建成。

目间充满胜者的骄傲。他面露笑容看着满街欢迎他的百姓，骑马跟在他身后的是长孙无忌、杜如晦、房玄龄、尉迟敬德、秦叔宝、程咬金等人。

李世民从欢迎队伍中百姓快乐的表情，看出他们对现在的生活都很满意，因此再次确信当初起兵的决定是正确的。他突然想开个玩笑，转头对跟在后面的长孙无忌道："无忌，你看，几乎全城的人都出来迎接我们了，这样风不风光？你可别再说好事都没有你了。哈哈哈……"

长孙无忌看着盛大的欢迎队伍，心中也为这次统一北方的胜利感到骄傲。突然他发现有个熟识的身影站在后方的小巷口，当下特别留了意。

街道后方巷子口，站着两个完全没有感受到热闹气氛的人。

"李纲，你听到刚刚那两个人的话了吗？"一个衣着华丽、三十左右年纪的男子，脸色不佳地看着前方欢迎队伍道。

"太子殿下，市井小民随口说的话，您不用太在意。"李纲道。李纲是李渊帮李建成请的老师，李建成心胸狭

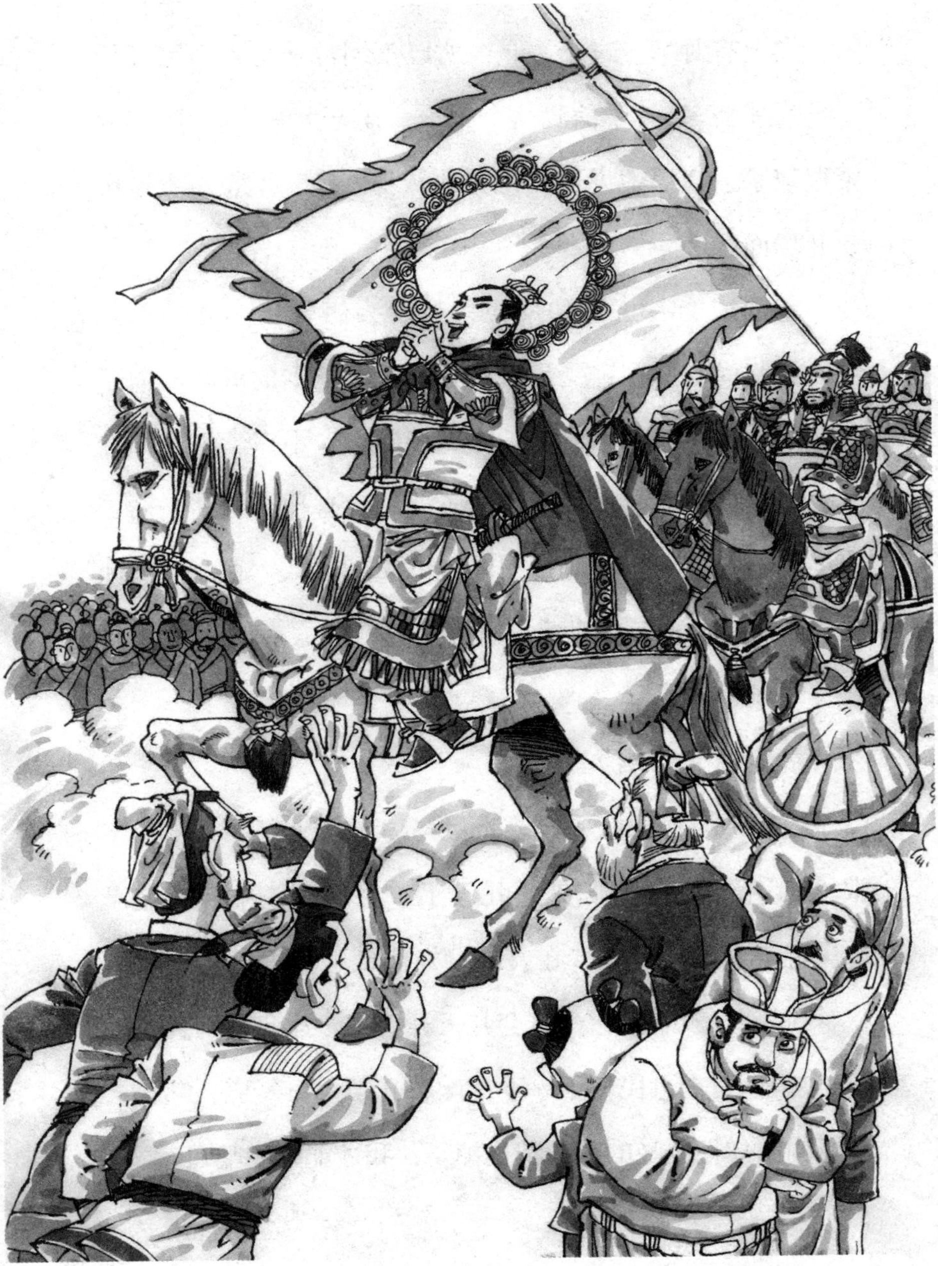

隘，加上有时举止过于放纵，所以李纲常常劝诫李建成。

"是吗？我就不信我这个太子，比不上秦王。"李建成紧握双手，愤恨地说道。说完他转身就走，不想再看这个欢迎场面。

李建成会有这样的反应，是因为唐朝刚建立的前几年，根基尚不稳固，受到来自各方势力割据的威胁。而李建成贵为太子，却只待在长安处理国事，不像李世民四处征战建立功勋，相比之下，太子反而没有什么功绩。而当李世民声望越来越高时，李建成也起了妒忌之心，这也埋下了日后兄弟相争的种子。

秦王府花园中凉亭内。

夜晚凉风徐徐吹来，李世民与妻子对坐亭中，闲话家常。"王爷，您凯旋归来好几天了，总算有一个晚上是没有庆祝晚宴的，可以待在府中好好休息了。"

"是啊！没想到宫廷宴会几天开下来，比我骑马打仗一整年还累。"李世民伸了一下懒腰，吐了一口气道，"夫人，我要谢谢你把今晚的邀约都推掉了，我才能好好喘口气。"

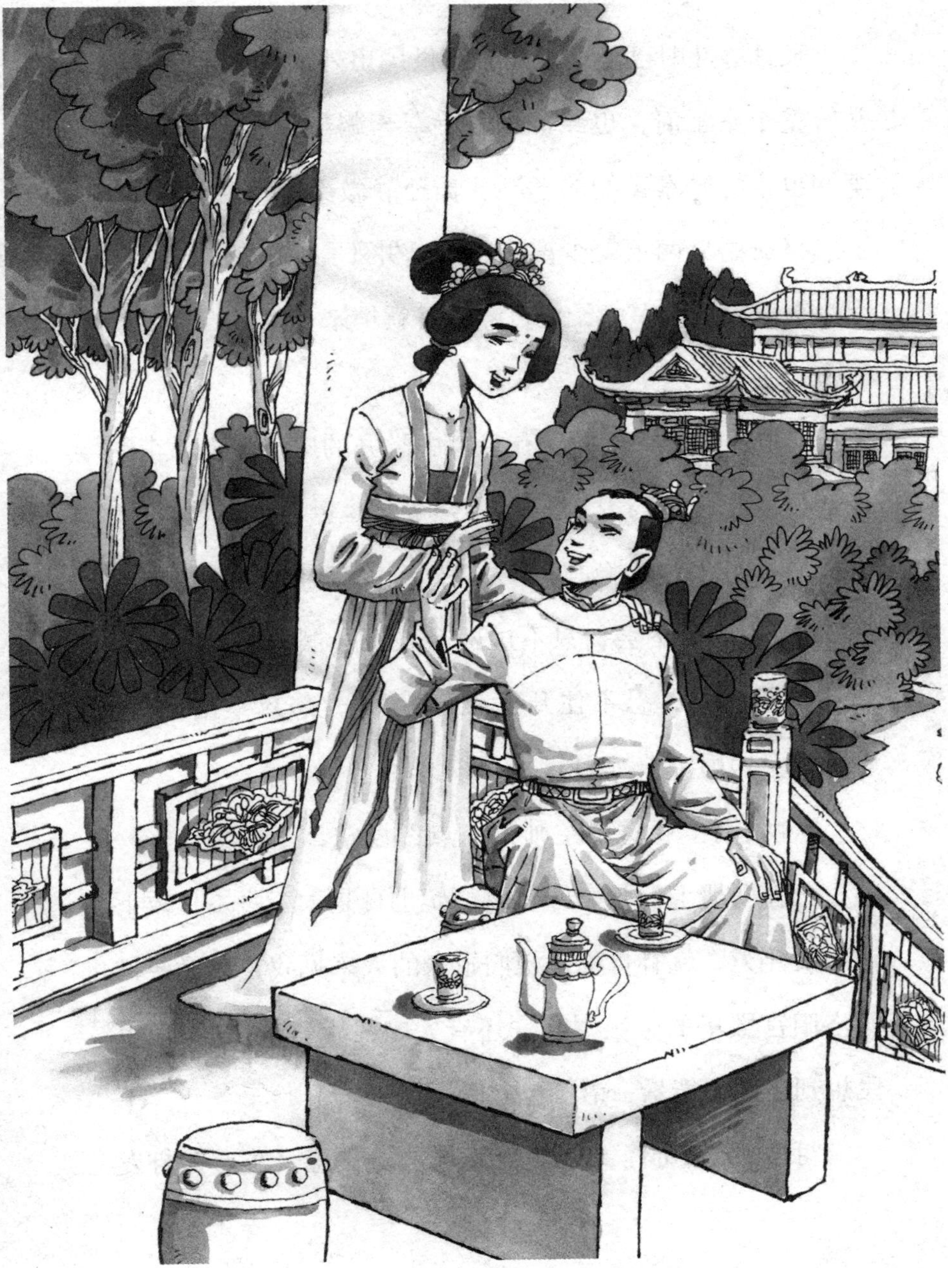

长孙静此时已是秦王妃，李世民出外征战时，她负责掌管整个秦王府，也经常进宫侍奉李渊与后宫的妃嫔们，李渊也常称赞秦王妃的孝顺。长孙静微笑地看着李世民，虽然自成婚后两人聚少离多，但这并不影响两人的感情，因为李世民虽在军中，但每隔数日就捎来一信，与她分享军中的一切。

李世民突然想到昨天在皇宫中举办的庆功宴上，李渊最宠爱的张婕妤与尹德妃在宴会席上脸色都很难看。"夫人，平日在宫中，张婕妤与尹德妃有没有难为你？"

"难为倒是不会，只不过两个人都会摆臭脸给我看。"长孙静想到此，忍不住开玩笑道，"谁教您攻下洛阳后，不分点金银财宝给她们。"

"金银财宝我这个主帅可一点都没拿，全部都一笔一笔登记在簿册上。张婕妤与尹德妃也真是太夸张了！攻下洛阳没几天，就有自称是她们娘家的人来见我，说是要挑选洛阳宫殿里的金银财宝，还有人向我求官做做。"李世民想到当天的情景，语气也激动了起来。

"我才感到奇怪，您对金钱从来不在意，花点钱打发张、尹两妃的亲戚不难，怎么会傻到去得罪父皇的宠妃。"长孙静恍然大悟，轻声道，"您这么说我就明白了，您是因为求官这件事而生气吧？"

李世民心头一热，叹道："夫人，你跟无忌真是我李世民此生的知己啊！原本求财无可厚非，但求官就太自不量力了。为官者，要能为百姓设想，一定要选贤任能。张、尹两妃的亲人不先掂掂自己的斤两，一开口就是要当大官，我一气之下，就把他们统统赶走了。对不起，夫人，让你在宫中难受了……"

长孙静轻笑一声，道："难受倒是不会啦。"不想让李世民太自责，长孙静将话题一转道："对了，这次跟你一起回来的那位黑面将军，就是你信上所提救过你性命的尉迟将军吗？"

"是啊是啊，他就是尉迟敬德。那天可真是惊险，其他人被敌军缠住，我一个人被敌军团团围住，力拼数十名勇士，体力渐渐不支，眼看着敌人的大刀朝我的胸口砍来，性命即将不保，突然一支长槊挡住了眼前的大刀，救了我一命。原来是敬德发现我不见了，拼命冲出敌阵，四处寻找，在危急的一刻正好救了我一命。"李世民想到尉迟敬德的义气，感动地说道。

"那我要好好谢谢尉迟将军才是，因为有他，我现在才能跟你在此闲话家常。"两人相视而笑。

兄弟阋墙，烈马毒酒

东宫中，李建成与李元吉一边喝着酒，一边抱怨着。

"大哥，父皇真是太偏心了，竟然封了个'天策上将'①给二哥，地位比所有大臣与亲王都高，仅次于父皇与您，历朝以来，从来就没有这个官职。"

李建成原本闷着头喝酒，听到这话，大口灌了一杯酒，自讽道："世民只要再多立几次功，我看他马上就是太子了。"

"大哥，我是站在您这边的。我有一个主意，可以让您稳坐太子之位……"李元吉低声在李建成耳边道出。

---

① 因李世民军功显赫，又身处文武百官之首，且无法再立为太子，所以李渊特别设了这个职位。让李世民可以自行招募人才担任府中的官员，就是"许自置官属"，这也成了日后李世民与李建成对抗的一个重要助力。

李建成听完脸色一变，迟疑道："这样好吗？世民……他毕竟是我们的同胞兄弟啊！"

"大哥，您太优柔寡断了，再这样下去，您的太子之位早晚不保。"李元吉刺激着李建成道。

李建成最受不了别人看不起他，又想到长安大街上百姓谈论的话，心中一狠，道："你说的对，就照你的意思去做。"

一个人若本身没有坚定的意志，就很容易在周遭人的怂恿之下，误入歧途，正所谓："一步错，步步错。"当李建成与李元吉决定加害李世民后，他们所做的一切，就像过河卒子①般，只能前进不能后退了。

这天李渊到长安城外打猎，太子李建成、秦王李世民与齐王李元吉一起前往。

"难得今天你们三兄弟聚在一起，不如来场比赛，以猎物多寡来定胜负吧。"李渊道。

"儿臣遵命。"三人齐声应道。李建成与李元吉互看了

---

① 过河卒子：指象棋的兵卒。象棋规定：兵卒只能前进，不能后退。后来用过河卒子来比喻只能前进不能后退的人。

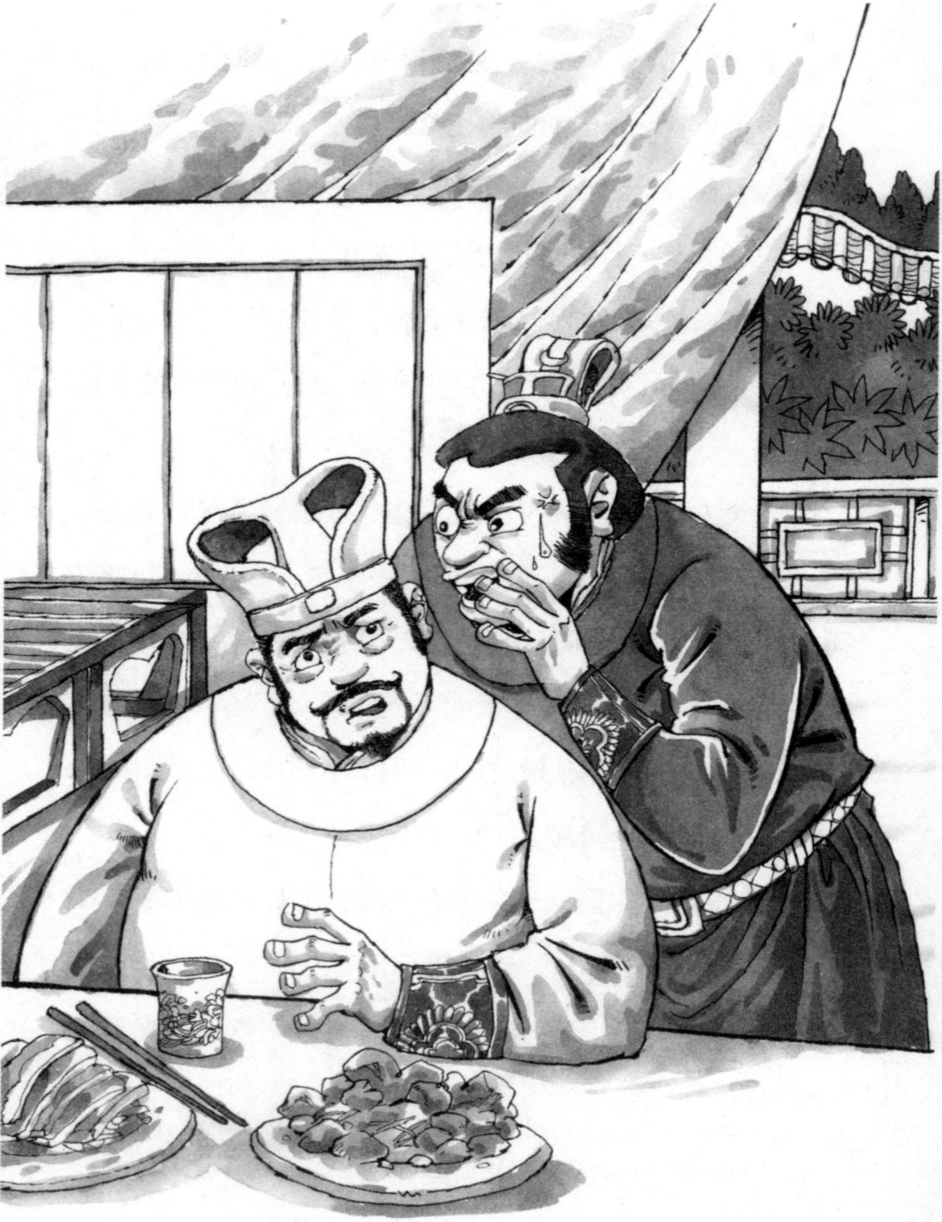

对方一眼，李建成开口道："世民，我知道你喜欢骑马，并以骑术精湛自傲。我最近得到一匹难得一见的骏马，跳跃力惊人，可以跃过数丈宽的溪涧，你不妨一试。"

说完，随从牵来一匹高大壮硕的骏马，这匹马的毛色黝黑发亮，双眼炯炯有神，鼻子还"呼呼呼呼"地吐着气。

"果然是匹好马，那就让我来试试。"李世民说完，便跳上马背，往前追赶野鹿。

李建成与李元吉看着李世民远去的背影，露出不怀好意的笑容。原来这匹马虽然是骏马，但有个很大的缺点，那就是不论谁骑着它跳跃，它都会弓起马背，将骑马的人摔倒在地。李建成府中很多骑士都被这马摔成了重伤。

李世民当然不知道这件事，他骑着马，心里还赞道："果然是匹好马，跑起来既快速又稳健。"他看到前方有一条溪涧，心想正好试试这马的跳跃力，于是双脚夹紧马身，用力拉紧缰绳，准备跳跃。不料，这黑马突然发狂，将李世民抛甩出去。所幸李世民身形灵巧，双脚轻点路旁的大石纵身一跃，挺立在数步之外。

旁边的人看到都倒抽一口气，李世民却一言不发地再次跳上马背，又被摔了下来。就这样，李世民上了马背三次，黑马也摔了他三次，抛甩的力量一次比一次大。李世民与黑马对视着，就见一人一马彼此不退让，李世民眼中闪着不服输的光芒。

随从站在一旁紧张得流了一身汗，连忙出声阻止道："王爷，王爷……不要再试了。这黑马一跳跃就发狂，肯定不像太子说的'跳跃力惊人'这么简单。"

这话提醒了李世民，他的眼神一暗，生气又难过地说道："有人想要利用这匹黑马让我受伤，可惜啊！生死都是命中注定的，这样就想让我受伤，也太小看我了吧！"

事后，李建成看到这样顽劣的烈马都无法让李世民受伤，又听到李世民的这番话，不禁怒由心生，就指使李渊的妃嫔张婕妤向李渊打小报告道："陛下，臣妾听到外面的人都说：秦王自称'我自有天命，应该当天下的皇帝，不会随随便便就死掉的'。"

李渊一听，忍不住火冒三丈，立刻召唤李世民，厉声责备道："天子都是自有天命，不是妄想就可以取得的。你虽然立下很多功劳，但天子也不是想当就能当的，你为

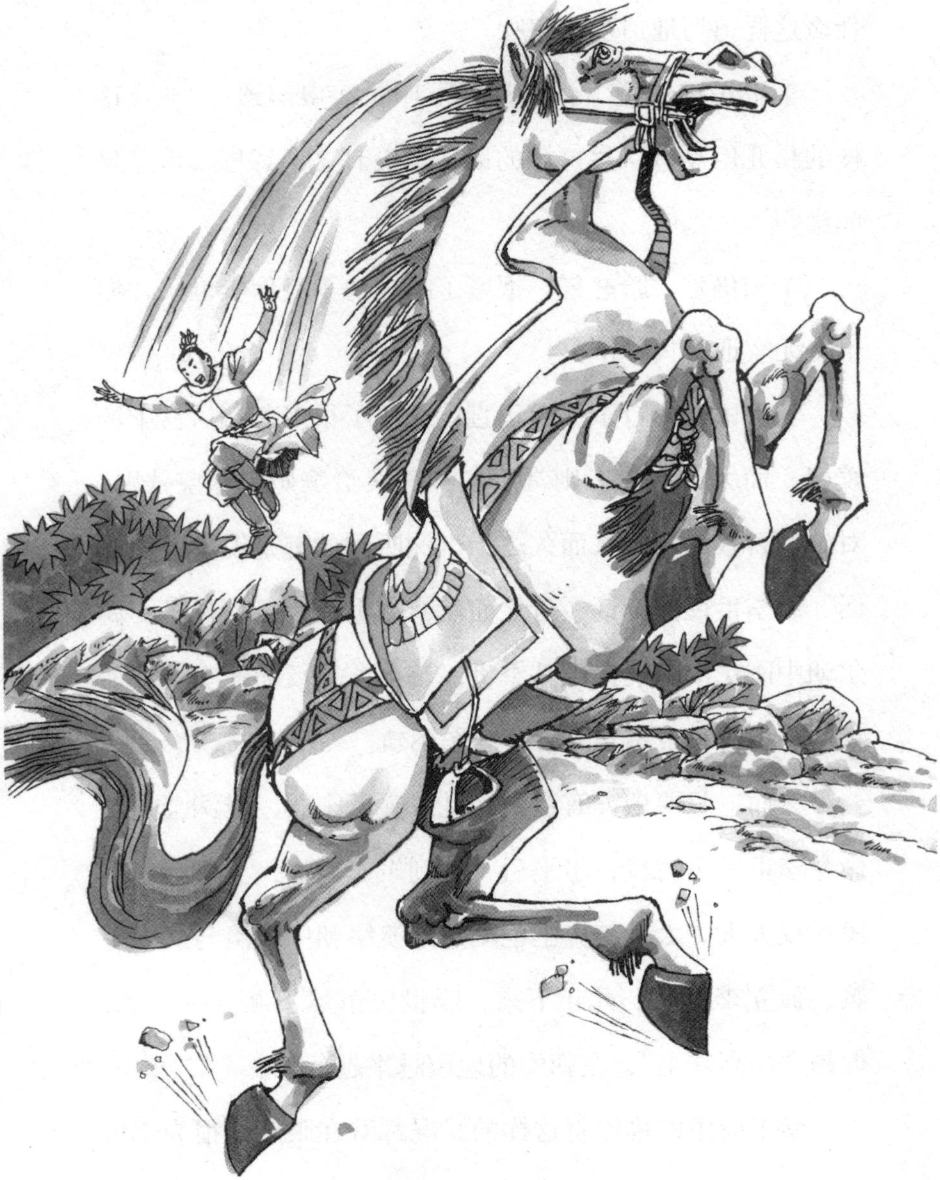

什么这样迫切地追求宝座呢？"

李世民连忙脱下帽冠，跪下叩头，申辩道："不是这样的！儿臣没有讲过这样的话，也没有这个意思，求父皇明察。"

李渊仍是一脸怒气，抿紧了嘴，他不相信李世民，但也查无实证，只好作罢。

李世民因为行事一向正直，得罪了很多李渊后宫中的嫔妃，而太子与齐王则常用各种名义给嫔妃们珠宝钱财，对她们百般讨好。久而久之，李渊听到的都是说太子的好话、说李世民的坏话，自然而然对李世民也不信任了。偶尔朝中刚正不阿的大臣替李世民解释，却反而使李渊更加怀疑李世民私下结交大臣，意图不轨。

然而，只要地方有盗贼为乱或突厥来袭，李渊会立刻命令李世民去讨伐，事平后，受到嫔妃挑拨，又疑心李世民兵权太大。太子与齐王也刻意地笼络朝中大臣与后宫妃嫔，孤立李世民。几年下来，李世民虽然不断立下功劳，但是"功高震主"，在朝中的地位越来越危急。

秦王府中的幕僚将这样的状况都看在眼底，很为李世民担心，也多次劝告李世民要采取行动，但孝顺的李世民总是硬不起心肠来。

有一天，李建成邀请李世民到东宫吃饭喝酒。当晚，在筵席上，李建成不断地向李世民敬酒："秦王，来来，我敬你一杯，庆祝你这次用计打赢了突厥，解除了我朝的威胁。"

"太子，谢谢您。可我真的喝太多了。"李世民推辞道。

"这是什么话，二哥，你连太子敬酒都不喝，这分明就是瞧不起太子。"李元吉嘲讽道。

李世民苦笑地看着李元吉，他这个四弟从小就爱与他较劲的心结，随着年纪的增长，越结越深。他伸手拿起酒杯，道："太子，请，这杯我干了。"

当晚李世民被灌了很多酒，醉醺醺地回到秦王府。到了半夜，李世民突然心脏绞痛，吐了好几口乌黑的血后，昏迷不醒。

"王爷，你怎么了？来人，快去请大夫，快去请大夫！"长孙静吓得脸都白了。

"大夫，王爷怎么了？王爷为什么一直昏迷不醒？"

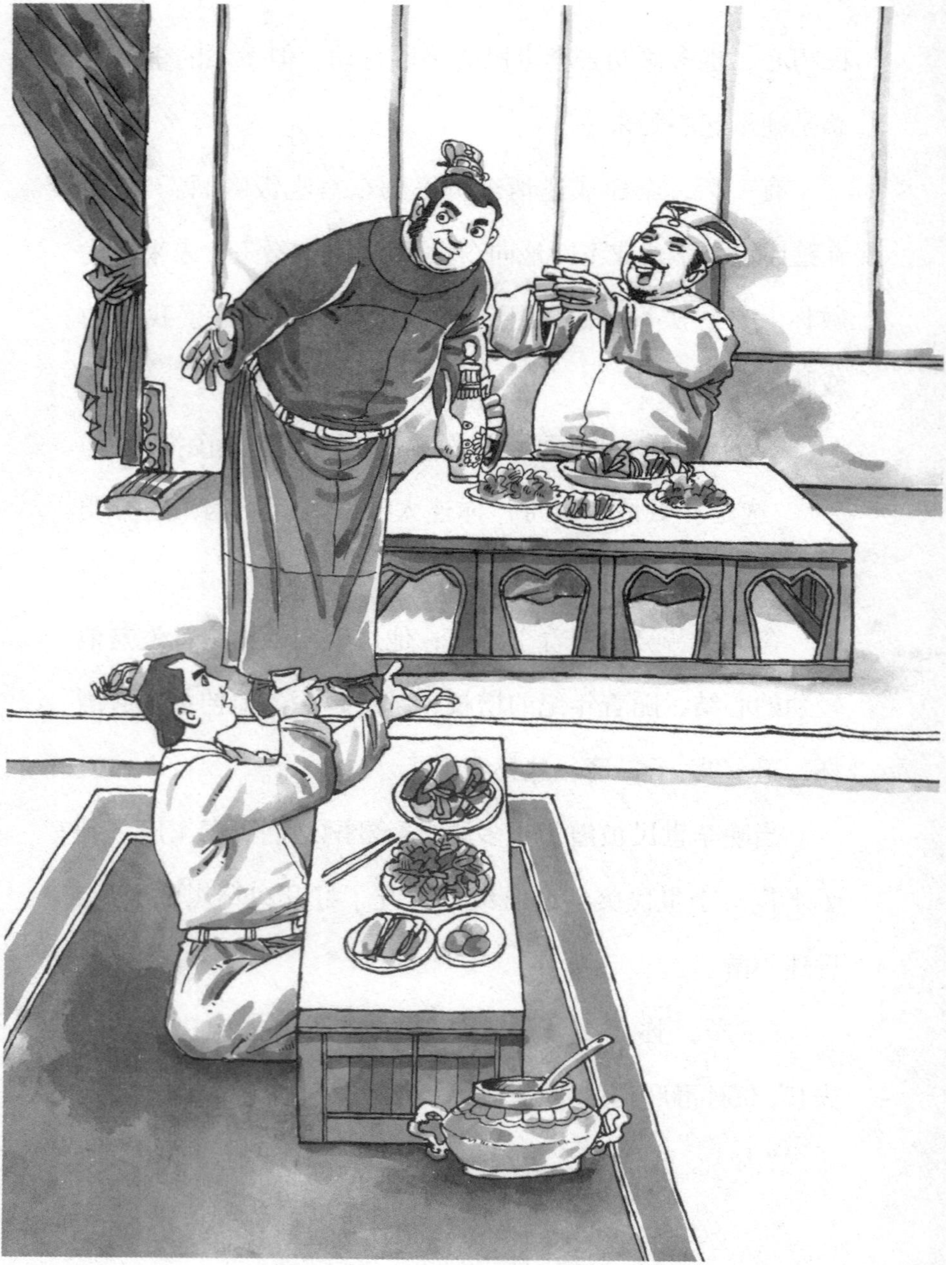

大夫收回把脉的手,转头对着神色着急的秦王妃道:"王爷身中剧毒,幸好王爷平时身体强壮,并已吐出毒血,目前已无大碍。但是身体还是很虚弱,需要好好休养。"

大家听到大夫的话都松了一口气。

看着躺在床上一动也不动且面无血色的李世民,年纪已逾五十、留着山羊胡的房玄龄道:"一定是太子和齐王下的毒手,我早就想到了,太子主动邀约,肯定是来者不善。好在出发前,已先让王爷吃了一根百年人参。"

"早知道,我当初比赛的时候,就该一槊刺死齐王①。"尉迟敬德拿着长槊怒道。

程咬金紧握双手,激动道:"太子跟齐王实在欺人太甚,使这种小人伎俩。秦王府的人可不是好欺负的,咱们一起去东宫讨个公道。"

"我秦叔宝早就准备好了,武器也都带着了。""我也是。"秦叔宝与尉迟敬德两人附和道。

---

① 尉迟敬德善于避槊与夺槊,李元吉也以擅长马上刺槊闻名,当他听说尉迟敬德的本领后,很不以为然,曾当场下战帖向尉迟敬德挑战。尉迟敬德夺走李元吉手中的槊三次,最后李元吉不得不认输,但他心中深以为耻,不准任何人再提起这场比试。

此时清亮平静的声音传来。"各位将军，此时若轻举妄动，反而让太子与齐王找到栽赃秦王造反的理由。"原来是长孙静开口了，"请大家正常行事，让外面的人无法找到借口乘虚而入，一切等王爷清醒了再说。"长孙静平时虽不会参与李世民与幕僚的讨论，对于秦王府危险的处境却是十分清楚，幕僚对于长孙静的机智都十分佩服，也相当敬重她。

"王妃说的对，大家要冷静，一切等王爷醒了再说。"杜如晦与长孙无忌附和地劝道。

在长孙静用心的照顾下，李世民终于在两天后清醒，也从长孙无忌口中了解了情况。"夫人，这次多亏你阻止，才没酿成大祸。咳咳……"李世民斜躺在床上，气息不稳地说。

"王爷您先别说话，好好休养才是。"

李世民看着神色有点憔悴的长孙静，以及秦王府中一干谋臣将领，突然低声念出："煮豆燃豆萁，豆在釜中泣。本是同根生，相煎何太急。唉……"眼神中藏着一抹哀伤，脸上却是一副下定决心的表情。

长孙静聪明得什么话都没说，因为兄弟间的事，是其他人很难论断的。但她了解李世民的个性，知道他不是个一味退让的人，也隐隐约约觉得有什么事情将要发生。

孤注一掷，玄武门事变

长孙无忌府中。

长孙无忌看到房玄龄与杜如晦来访，面露喜色道："房兄、杜兄，若我没猜错的话，你们二位今天是来商议太子与齐王的事情的吧？"他对李世民老是处于挨打的局面，而房、杜两人却始终没有出声，觉得很忧虑。现在见到两人同时来找他，心里总算松了一口气，心想："房、杜两人联手出击，太子跟齐王完蛋了。"

为什么长孙无忌会这么高兴呢？这是因为房玄龄与杜如晦是秦王府中两大军师，李世民说过："房玄龄善于谋略，杜如晦处事果断，两人合作，所发挥的效力胜过千军万马。"太子李建成也讲过："秦王府中，最要小心的就是房玄龄与杜如晦两个人。"

"无忌老弟，我知道你心中埋怨我跟杜老弟总是不出声，但我们是在等待一个好时机啊。"房玄龄缓声道。

"没错，秦王虽秉性宽厚，但若将他逼急，临危下的决断，常是令人无法反击的妙计。同时我们两人心中也存着小小的希望，希望太子会在李纲的教导下，打开心胸接纳秦王，也避免兄弟相争，造成国家社稷的动荡。不料……"杜如晦总以天下苍生幸福为最大考量。

"不料李纲反而被太子气走，告老还乡。"长孙无忌想到李纲向唐高祖李渊辞官的情形[1]，"太子气度狭小，齐王凶狠残暴，若真让太子登上皇位，恐怕也非社稷之福。"

"现在太子与秦王结怨已深，天下人各自拥立其主，看样子，大乱必起。在此关键时刻，我有一计……"房玄龄将声音压低，仅以三人听得见的声音低声道，"先下手为强……"三人又仔细讨论了一番后，由长孙无忌去向李

---

[1] 李纲是李建成的老师，他一直劝谏李建成不要猜忌李世民，但是屡次劝谏，李建成都不听，一气之下就向李渊辞职告老回乡。李渊问李纲："你以前帮盗贼潘仁做事，只是小官吏；我现在聘你为太子的老师，身份尊贵，你为什么一心只想离开呢？"李纲回答："潘仁虽然是个盗贼，但我每次只要劝他不要胡乱杀人，他就会停止，所以我觉得自己无愧于心。现在我虽然贵为太子的老师，但每次劝谏，太子都不听，说了等于没说，所以我觉得有愧这个职务，请陛下另请高明吧。"

世民劝说。

秦王府书房中。

李世民听完长孙无忌的计谋后,一句话都没有说,面无表情地望着窗外。长孙无忌与李世民相知甚深,知道当李世民脸上越是平静时,他心中反而越是千头万绪。这是李世民领军打仗后所养成的习惯,因为好的将领绝不能在士兵面前露出着急的情绪,以免影响军情。所以长孙无忌也静静地坐在旁边喝茶。

突然门被用力地推开,一阵气愤的叫骂声也跟着传入:"气死我了,想用钱收买我,这也太瞧不起我了!"尉迟敬德怒气冲冲地走了进来。

"尉迟将军,发生什么事了?谁那么大胆,敢把你气到怒发冲冠?"长孙无忌好奇地问道。

"哼,还不是太子跟齐王。"原来太子与齐王看烈马摔不伤李世民,毒酒也毒不死李世民,两人心中又气又急,只好想别的法子。太子准备了一大堆金银财宝,想把秦王府中的将领及谋臣拉拢过来,孤立李世民。而他们选中的第一个对象就是曾经击败李元吉的尉迟敬德。

"无忌老弟，你不要看笑话。搞不好你一回府，就有美女和财宝等着你。"尉迟敬德回道。

"王爷，做大事者不拘小节，请您当机立断。"长孙无忌起身拱手道。

"王爷您平时训练的八百名勇士，加上我尉迟敬德，只要您一声命令，愿誓死拥护王爷。"尉迟敬德一样拱手大声说道。

李世民看了看长孙无忌与尉迟敬德，然后闭上眼睛。当他再次张开眼睛时，眼中透出坚定的光芒，他沉声道："我李世民感谢大家的拥护。无忌，你秘密通知房玄龄与杜如晦两人伪装后分别入府，不要一起走在街上，以免太过醒目，而被太子的党羽察觉。"

几日后，李世民进宫密奏李渊道："父皇，儿臣对兄弟没有半点对不起的地方，但他们却三番两次地要儿臣的命，仿佛是要替王世充、窦建德等贼人报仇一样。今日儿臣要是枉死，实在没有脸去地下见那些陪我平定贼人的士兵。"

李渊听了大吃一惊，他知道李建成、李元吉与李世民这三兄弟向来不合，但毕竟是同胞兄弟。没想到事情竟然已经严重到伤害彼此性命的程度了。"唉……也是朕一直不愿意面对这个问题……"李渊叹了一口气道，"明日早朝，朕会问个清楚，你也早点上朝。"

隔天一大早，李建成与李元吉骑着马一同上朝，突然一只乌鸦飞起停在树上"呱嘎！呱嘎！"叫了两声，李元吉皱着眉道："大哥，这乌鸦不太吉利。这几天我的眼皮老是跳个不停，好像有什么事要发生一样。我们干脆托病不去上朝，各自回府好了。"

"元吉，你不要自己吓自己。宫中的守卫早就被我收买，这几天秦王府也没什么动静，我们不能示弱，应该堂堂正正上朝去。"李建成反对道。李元吉只好与李建成一块儿进入玄武门。

入宫上朝的官员都要通过玄武门，依照规定，一进入玄武门护卫就不能跟随，所以太子与齐王依照惯例把护卫队留在门外，单枪匹马入宫。因为玄武门的守卫早被李建成收买，所以李建成十分放心。但他却不知道，守卫已经

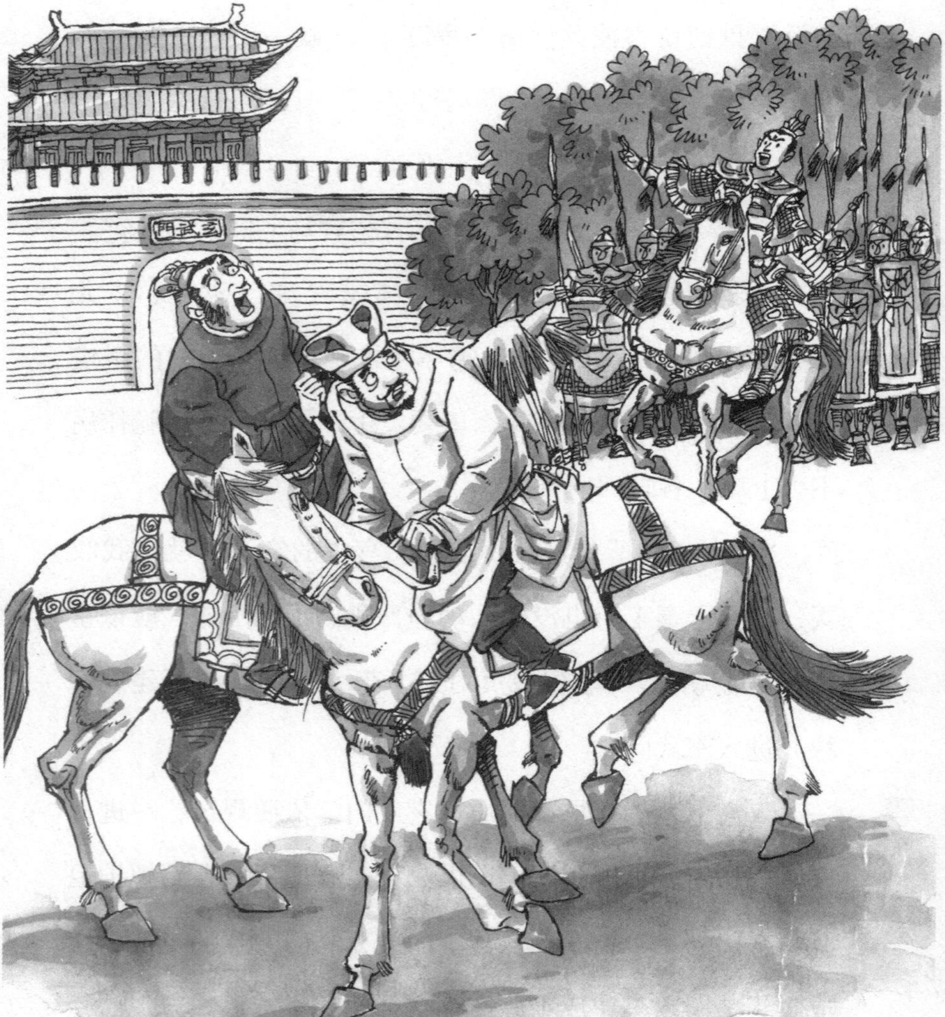
玄武門

改节投靠了李世民，而且早在前一天晚上，秦王府的七十名勇士已经偷偷地藏匿在了玄武门两旁的树林里。

李建成与李元吉进了玄武门后不久，李建成发觉有点不对劲："元吉，情况好像有点不对。走，先回宫。"说完立即拉转马头，准备奔回东宫。

此时，李建成的背后传来一个声音："大哥，为什么不去早朝？"原来是李世民全副武装骑在马上，发出质问。秦王府中的勇士也都一个一个从树林里走出来。

"糟糕，中埋伏了。"李元吉着急地想要拉开弓，发箭杀李世民，但越急越紧张，拉了三次都没办法拉满弓射箭，最后放弃，抛下李建成，策马而逃。

李世民趁着李建成回头望时，拉开弓瞄准李建成，"咻"的一声，李建成已坠马而亡。

另一边，尉迟敬德率领着七十名勇士，拿着弓箭朝李元吉左右射击，负伤的李元吉从马上摔了下来，逃进树林中。李世民骑马追着李元吉，没想到树林枝叶茂密，李世民被树枝缠住而跌下马。李元吉看到，趁其不备夺走他的弓，打算用弓勒死李世民。就在这生死存亡之际，尉迟敬德飞马赶到,用长槊从李元吉背后一刺,李元吉当场毙命。李世民喘着气道:"敬德,你又救了我一次。"

玄武门外,太子与齐王的手下听到玄武门内的声音,知道事情有变,鼓噪着要攻入玄武门内。此时尉迟敬德站在墙上,手提李建成与李元吉的头,大喊道:"太子与齐王都已经死了。"大部分人马看到主子都死了,也就一哄而散了。

此时李渊正在宫内的海池泛舟,不知道外面已经出了大事。看到尉迟敬德全副武装、浑身沾满血迹地出现,才惊讶地问道:"今日是谁作乱,你为何这副模样来此?"

尉迟敬德恭敬地答道:"太子与齐王叛乱,已被秦王举兵平息,两人皆已丧命。秦王怕叛军惊动到陛下,特派臣到此护卫。"

"什么?你说什么?"李渊一惊,把手中的酒都翻倒在地,喃喃道,"……建成与元吉都死了。"

身旁的大臣劝道:"太子与齐王本来就没有参与太原起义,对于建立唐朝也没有什么功劳,却忌恨秦王,处处陷害,才会有今日的祸事。秦王功高望重,天下归心,为求政局稳定,臣等建议陛下让秦王当太子。"

李渊长叹了一口气,悲伤地说道:"罢了罢了。该是谁的就是谁的,就依众卿所奏吧!传世民来见朕。"

李世民来了,不发一语,默默地跪在李渊面前,哀恸痛哭,李渊拍拍他的肩膀表示谅解。历史上称此事为"玄武门事变"。

玄武门事变三天后,李渊正式立李世民为皇太子,同时下诏:"以后所有军国大事都交由太子决策处理。"两个月后,李渊传位给李世民,年号改为贞观。这位新皇帝就是历史上有名的唐太宗。

4. 贞观之治

亡隋之辙，殷鉴不远①

月明星稀，凉风拂过，皇宫中。

"臣妾叩见陛下，吾皇万岁万万岁。"

"皇后请起。"长孙静这时已被立为皇后，她抬头望着扶她起身的唐太宗，此时他英挺的面容充满着自信与骄傲，黄袍加身，更让二十八岁的唐太宗有着王者的风采。

"皇后真是用功，几乎手不离卷。咦……杨广的诗，怎么突然对此有兴趣？"唐太宗看着长孙皇后手上拿的诗集好奇地问道。

---

① "辙"指马车车轨的痕迹，"鉴"指镜子，代表借镜。这是说唐太宗李世民亲眼目睹隋朝灭亡的例子，时时以隋炀帝杨广为借镜，告诫自己，要做一个好皇帝。

"刚好在书架上看到这本书,就顺手拿起来翻翻。"

唐太宗的目光正好瞄到其中一段,随口念出:"寒鸦飞数点,流水绕孤村。斜阳欲落处,一望暗销魂。嗯……杨广的诗的确不错。"

"皇上,您说这个杨广明明是个文武全才的人物,还没当太子前,礼贤下士,屡立战功,所以隋文帝才废了长子杨勇改立杨广为太子。不料……"长孙皇后轻叹了一口气说道,"当了皇帝之后,穷兵黩武,搞得民不聊生,又听信小人谗言,使隋朝只传了两代就灭亡了①。"

"皇后,你突然讲这个,是不是有什么话要说呢?"唐太宗与长孙皇后夫妻十多年,依照他对妻子的了解,她一定是有话要说。

长孙皇后只是笑着摇摇头,什么都没有说。她相信以唐太宗的聪明,一定能自己想明白的。

隔日早晨御书房中,唐太宗突然想到长孙皇后昨晚奇

---

① 在这里是指隋文帝杨坚与隋炀帝杨广两位皇帝,隋炀帝以后的皇帝并不列入。

怪的言谈。为什么皇后要突然提起杨广呢？还提到隋文帝改立太子之事？唐太宗阖眼思考，越想越是冷汗涔涔，因为他突然发觉自己与杨广的相似性。两人一开始都不是太子，只是被封为王的二皇子。杨广靠着好名声与心机，从晋王当上太子；而唐太宗靠着战功与玄武门事变，从秦王变成太子。杨广即位后杀了前太子杨勇；唐太宗则于玄武门前射杀了太子李建成。杨广是隋朝第二个皇帝；唐太宗是唐朝第二个皇帝……

"不会的，不会的……"唐太宗低喊，"朕跟杨广不一样，不一样，朕会是一个好皇帝的。"

"来人啊，快宣兵部尚书杜如晦来见朕。"唐太宗急忙吩咐外头的内侍。

杜如晦学养丰富，熟通文史，当初李建成为了孤立秦王李世民，向李渊打杜如晦的小报告，说他的坏话，使李渊下令命杜如晦离开秦王府。当时房玄龄曾对李世民说："王爷，如果您只是要当一位亲王的话，就让杜如晦离开吧。但是，如果您怀有大志，胸怀天下，就一定要让杜如晦来辅佐您。"李世民一听，赶快向李渊求情，杜如晦才得以留在秦王府。事后，在玄武门事变中也证明了杜如晦的能力。

杜如晦一进来，尚未拜见唐太宗，唐太宗就急忙问道："爱卿，免礼免礼。你说说看，为什么隋炀帝杨广明明是个敏捷干练的人物，却当不了一个好皇帝？"

杜如晦一愣，心想："怎么陛下这么急着找我来，是问这个？不就是劳民伤财，好大喜功，多次远征高句丽，建完宫殿，又开运河，搞得天怒人怨，所以我朝才能取而代之。"他看着唐太宗一副热切想要获得答案的表情，转念一想：或许这是个好机会。于是他正声道："杨广虽然文武兼备，但他太骄傲，觉得自己什么都是对的，凡是跟自己意见不合的、让他生气的官员，不是被罢官就是被杀头。"杜如晦停顿了一下，抬头望了唐太宗一眼，才又开口道，"君王虽然是圣贤哲人，也应该虚心接受别人的建议，这样有智慧的人才可以贡献他的谋略，有勇气的人才可以贡献他的力量。"

唐太宗听了之后连忙点头称是，道："爱卿所言有理，朕要以杨广的例子，时时提醒自己。"

隔天早朝时，唐太宗就对所有的官员说："当皇帝的人，如果太自大骄傲，属下一定只会谄媚讨好，忘了去思考对国家有助益的事情，就像杨广一样，最后隋朝灭亡了，他也难逃一死。大家一定要谨记着这个教训，日后朕处理国家大事若有不当之处，你们一定要给朕提出来。"

杜如晦的那番话深深地烙印在唐太宗的心中，唐太宗日后的所作所为，都朝着"虚心纳谏，任用贤能"的方向努力。说到此，就不能不提历史上有名的谏议大夫魏徵这个人物。

贤君太宗，名臣魏徵

唐太宗虽然当了皇帝，但在头几年时，他这位子其实并不好坐，因为朝廷中的官员来自四面八方，一部分是之前隋朝的官员，如李靖；一部分是与李渊一同起兵的老战友；一部分是自己秦王府的手下；另一部分则是李建成与李元吉的部下，如魏徵。如何将这些来自不同背景的官员聚在一起，共同为国家的兴盛努力，考验着唐太宗的智慧，以及担任国家领导者的能力。

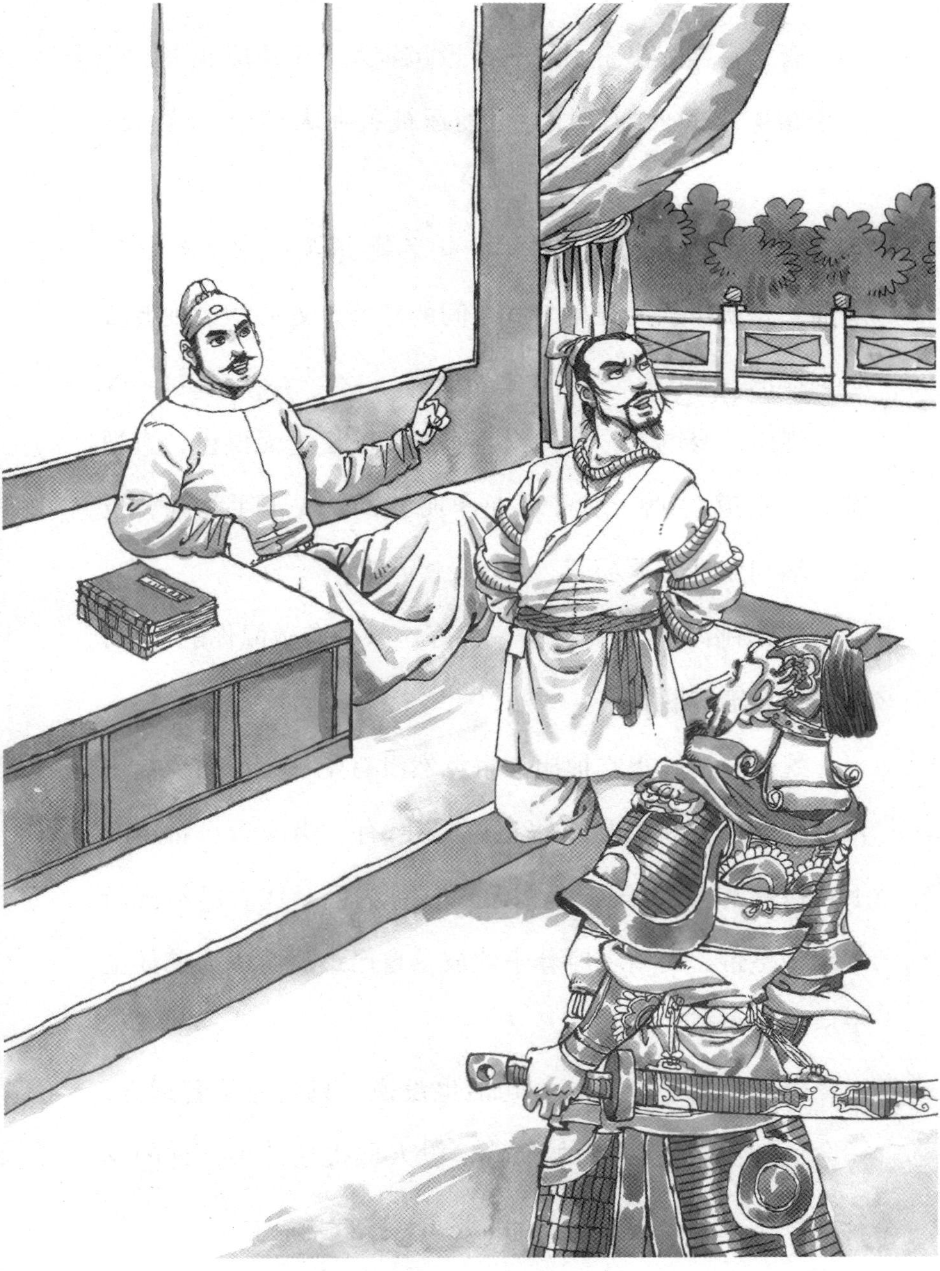

唐太宗当上皇帝不久后，想起前太子李建成底下，有一个很厉害的人物魏徵，目前还被关在大牢中，就召他晋见。

唐太宗一见到魏徵，第一句话就责骂道："为什么你之前总是挑拨朕的兄弟与朕之间的感情，处心积虑地要置朕于死地？"

魏徵一身囚衣，背挺得直直的，脸上毫无惧色，直视着唐太宗道："哼，太子要是早听我的，先下手为强，也不会落到今日的下场。"

"哈哈哈哈！说得好，说得好。朕一向敬佩你的才华，你可愿意辅佐朕？"

魏徵一愣，很吃惊唐太宗竟然没有生气，反而要重用自己。魏徵直视着唐太宗道："罪臣有一事禀告，希望陛下可以厚葬前太子。"魏徵改口自称为臣，代表已经视唐太宗为皇帝，而请求厚葬李建成是自己最后可以为前任主子尽的心力。

唐太宗听了之后，一句话也没说，只是遥望着远方，一会后他沉声道："满朝文武，没人敢提这件事，这的确是朕应该做的。来人啊,传令下去,厚葬前太子,并追封前太子为息王。"

"叩谢皇上圣恩,罪臣日后定当竭尽所能辅佐皇上。"魏徵心中一热,感动地下跪道。

自此之后,魏徵只要一看到唐太宗的过失,都会毫不隐瞒地指出。

这天唐太宗又想到了隋炀帝杨广,刚好魏徵在身边,就问魏徵:"你觉得隋朝灭亡的原因是什么呢?"

"失去民心。"魏徵答。

"那你觉得皇帝跟百姓是怎么样的关系呢?"唐太宗又问。

"百姓就像是海水,而皇帝就像一艘漂亮的大船。"魏徵道。

"嗯……船必须在水中才能乘风前进……"唐太宗想了一下道,"你的意思是说朕应该要多重视百姓吗?"

魏徵点点头道:"不仅是这样,所谓'水能载舟,亦能覆舟',当百姓富足安乐时,一切风平浪静,大船的航行就会十分顺畅;若百姓挨饿受苦,就会起大风巨浪,船随时有可能会翻覆。"魏徵抬头看了唐太宗一眼，他知道唐太宗时时以隋炀帝的结局为戒，接着道："像隋炀帝就是一艘翻覆的船。"

"没错，爱卿言之有理。但是，朕怎样才能当个明君，避免被蒙蔽呢？"

"多听就会清明，若只单单偏信一两个人，就容易被蒙蔽。君王要多方听取不同的意见，才不会被个别的小人欺骗。"魏徵缓缓说道。

唐太宗采纳了魏徵的建议，鼓励大臣们提出意见，指正自己的过失，他再加以改正，提出更好的政策来治理国家。

有一天，唐太宗在皇宫中宴请朝中大臣，大家都喝了一些酒，唐太宗一高兴，就举起酒杯来大声说："你们大家说说，魏徵与诸葛亮相比，哪个比较贤能优秀？"

大臣一听这问题，想都没有想就出口道："当然是诸葛亮。诸葛亮文武全才，出将入相，魏徵哪能跟他相提并论。"

"错错错，你们这么想就错了。"唐太宗反驳道，"魏徵通晓仁、义、礼、智，时时刻刻都为国家百姓设想，不时上谏修正朕的过错，辅佐朕治理国家，使我大唐国势远远胜过三国时僻居一隅的蜀汉，就算跟尧舜时代相比也毫不逊色。要朕来评断，魏徵当然是胜过诸葛亮。"

当时，因为唐太宗对于魏徵的勇于上谏大力赞扬，地方上许多官员也就有样学样，每天都在想皇上有什么地方有错，奏章如同雪片般飞来，在唐太宗桌上堆得像小山一样高。但不是每个人都有像魏徵一样的见识与学养，唐太宗一开始还耐着性子一本一本阅读，到后来越来越没有耐性，最后生气地把奏章往地上一丢，道："这些官员在搞什么？连这种鸡毛蒜皮的小事也要写奏章上谏，是没事可做了吗？"

此时魏徵刚好走进来，弯身将地上的奏章捡起，微笑道："臣听说古时候的君王会在皇宫外面竖立一个大木牌，让百姓在木牌上书写意见，借此了解自己是否有过失。陛下，您觉得百姓写的每件事情都是有建设性的吗？"

"朕想应该是跟这些堆在桌上的奏章程度差不多吧。"唐太宗眼睛瞪了奏章一眼道。

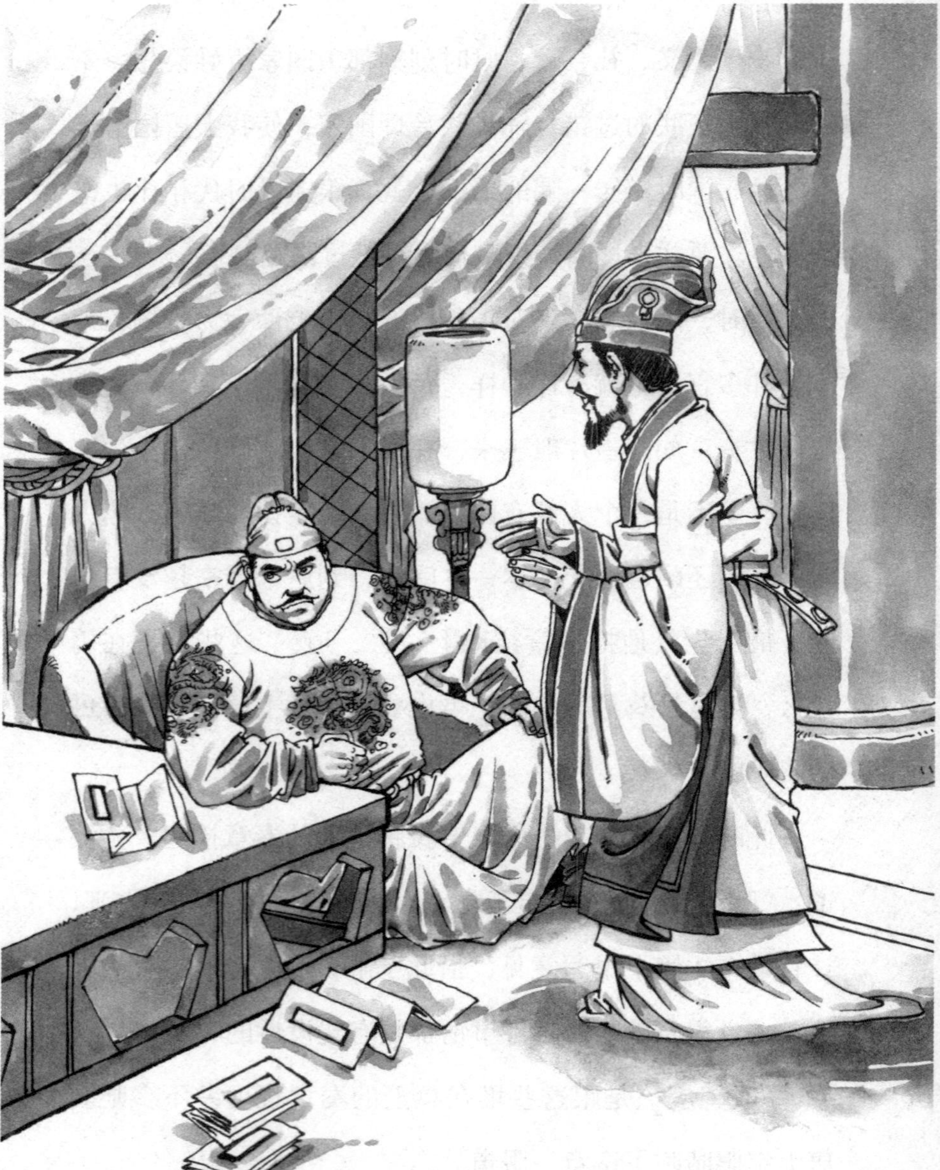

"哈哈哈……陛下要对自己朝中的官员有点信心,这些奏章的水平一定是胜过百姓随意的书写。陛下要知道自己的得失,就该敞开心胸,接受这些奏章。若说得不对,陛下就一笑置之即可,对朝政也没有什么损害;但只要有一本奏章说得对,言之有物,陛下能采纳,就对社稷有很大的帮助了。"魏徵劝道。

李世民听了魏徵的话,仔细想想也有道理,心中的气也就消了。

又有一次,唐太宗的女儿长乐公主要出嫁,因为长乐公主是长孙皇后所生,所以唐太宗非常疼爱她,于是下令要准备丰厚的嫁妆。这些嫁妆远超过唐太宗的妹妹永嘉公主出嫁时的数量。魏徵知道后,劝阻道:"皇女地位在辈分上比皇妹小,而今皇女的嫁妆却超过皇妹两倍之多,这样与礼不合。"

魏徵这话说得合情合理,唐太宗只好减少长乐公主的嫁妆,并告诉长孙皇后这件事。长孙皇后听了不但没有生气,反而露出微笑道:"其他大臣知道您疼爱长乐,即使明知嫁妆过多不合礼仪,也没有出声,只有魏徵明知道您会不高兴，还是开口上谏，臣妾现在才知道魏徵真的是一位贤臣啊！"

隔日，长孙皇后命宦官送绸缎百匹到魏徵府中，当作赏赐，并告诉魏徵说："因为你的正直，皇上才没有因疏忽而违反礼仪，希望你能一直保持着这样的正直，继续辅佐皇上。"

因为唐太宗与皇后这样的举动，底下的官员也了解上谏并不会触犯天威，皇上反而会感谢并有所赏赐。就这样，唐朝官员一改隋朝逢迎拍马的恶习，个个都正直敢言，因此唐太宗所颁发的每道命令都得经过百官的把关与检验，君臣同心努力治理国家，使唐朝达到历史上前所未有的盛世，百姓晚上睡觉都不用锁门，出外旅行也不用担心安全，人民安居乐业，史称"贞观之治"。

唐太宗虽然是历史上难得一见的好皇帝，但是有时仍会有皇帝的傲气与自大表现出来。

有一次唐太宗气冲冲地回寝宫，怒气冲天地骂道："太可恶了，朕非杀了那个乡下人不可！"

长孙皇后觉得很奇怪，问道："陛下在说谁呢？"

"还会有谁,不就是魏徵。他竟然在朝廷上公然地污辱朕,指摘朕的不是!朕是皇帝,魏徵摆明就不将朕放在眼里。"唐太宗怒道。

长孙皇后听了之后,一句话也没说,只是往寝宫内室走去。唐太宗心里还暗自嘀咕道:"奇怪,皇后怎么没有安慰朕,就这样离开了?"

一会儿后,长孙皇后穿着大礼服并戴着后冠从内室走出来。唐太宗一看,惊讶地问道:"皇后,你干吗穿得这么隆重,等会儿有什么仪式典礼吗?"

长孙皇后满脸笑容,盈盈下拜道:"臣妾恭喜陛下,贺喜陛下。"

"喜从何来?皇后你为什么这么说呢?"唐太宗一脸疑惑,上前将长孙皇后扶起。

"臣妾听说只有贤明的君主,才有正直的臣子。魏徵如此正直不阿,不就表示陛下是一位贤明的君主?这当然值得恭喜啊!"长孙皇后眼中闪着智慧的光芒,眉开眼笑地道。

唐太宗被皇后这样一称赞,气也气不下去,当场一笑

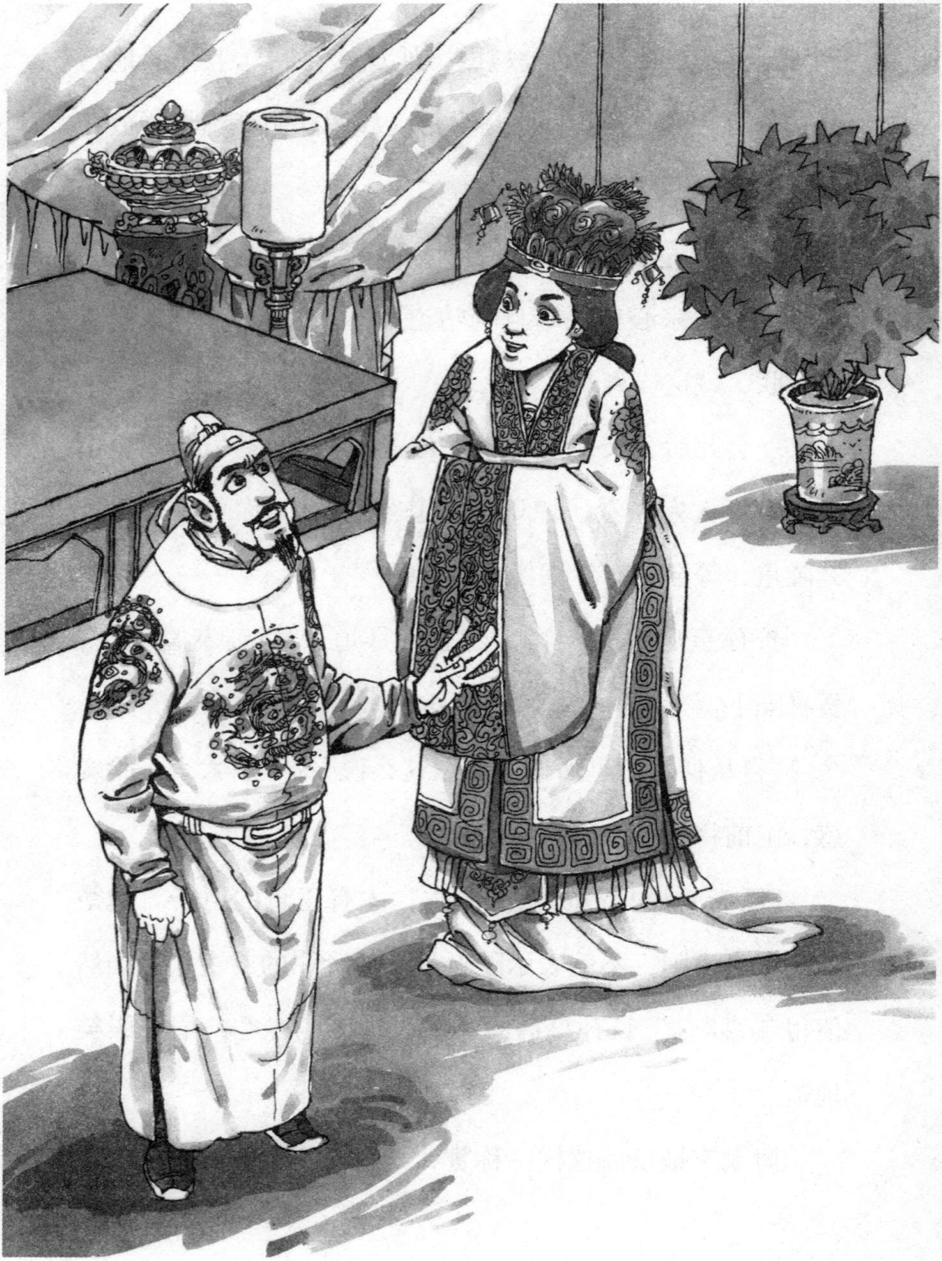

作罢。

长孙皇后运用智慧，化解了唐太宗的怒气，也保住了魏徵的一条老命，这也是长孙皇后伟大的地方。唐太宗能成就"贞观之治"的千古盛世，除了本身才智器量过人，长孙皇后的功劳也是不可忽略的。

史书上记载，魏徵总共对唐太宗上谏有两百多次，让唐太宗避免了许多可能犯的错误。当魏徵过世时，唐太宗非常伤心难过，悲泣道："朕有三面镜子，第一是每天照的铜镜，可以看看自己的衣服跟帽子是否穿戴整齐；第二是把历史上发生过的事情当成镜子，让自己不再犯同样的错误；第三面镜子就是魏徵，透过这面镜子，朕可以知道自己的过错。如今，朕痛失了一面明镜……"[1]

情义将军，门神尉迟

在玄武门事变中，立下大功又救了李世民的尉迟敬德，在李世民当上皇帝后，因为讨伐北方突厥有功，官

---

[1] 唐太宗这段话在历史上非常有名，就是所谓的"以铜为镜，可以正衣冠；以古为镜，可以知兴替；以人为镜，可以明得失"。

拜大将军。尉迟敬德个性耿直，有什么话就直说，很容易得罪人。有些人因此怀恨在心，就向唐太宗打小报告道："尉迟敬德仗着自己的功劳，完全不把陛下放在眼中，府中又聚集很多武功高强的江湖侠士，意图不轨。"

"胡说八道，尉迟将军跟朕是生死之交，他绝对不可能背叛朕，这种话以后不要再说了。"唐太宗怒斥道。

唐太宗心中对尉迟敬德的忠心毫不怀疑，但还是很好奇他对这件事的反应，有天就试探尉迟敬德道："常常有人跟朕说你要造反叛变，真的是这样的吗？"

"什么？我要造反？"尉迟敬德一听又怒又气，当场脱下衣服扔到地上，大声道，"臣随着陛下东征西讨，从来不在意自己的性命，只求保卫国家与陛下。今天站在这里的臣，全身上下都是这些年来四处征战所留下的疤痕，我可能会造反吗？"尉迟敬德整个背上与胸前都布满着箭伤和刀伤，有的已经结痂痊愈，有的明显是新伤痕，全身上下没有一处是完好的。

唐太宗看到后，眼眶泛红，亲自弯下腰捡起衣服披在尉迟敬德的身上，并紧握他的双手道："是朕失言，朕向将军道歉，朕从来没有怀疑过将军的忠心。"

唐太宗因为感谢尉迟敬德，就向他提议道："朕想把公主嫁给你，你觉得如何？"

"臣叩谢陛下的恩典。臣的妻子虽然出身贫贱，但跟臣生活在一起已经很久了。虽然臣是个没有念过书的武人，但臣知道不能在富贵之后，抛弃妻子。所以娶公主这件事，就请皇上收回成命吧。"尉迟敬德坚定地答道。

长孙皇后知道这件事后，叹息道："唉……所谓'贫贱之知不可忘，糟糠之妻不下堂'①，尉迟将军真是个有情有义的英雄。"于是派遣宦官带着丝绸百匹送给尉迟将军的夫人，也替唐太宗不当的提议道歉。

事后，长孙皇后欣慰地对唐太宗道："陛下在文治上有房、杜两位宰相运筹帷幄，加上魏徵时时提醒上谏，而武功方面有情义深厚的尉迟将军，我朝一定会兴盛强大。"

---

① 长孙皇后说的这段话是出自东汉光武帝的故事。光武帝姐姐的丈夫死了，光武帝想帮姐姐再找一个丈夫，放眼朝廷只有大司空宋弘最适合，所以光武帝就问宋弘的意思，宋弘却回答："臣听说贫贱时交的朋友，富贵之后不可以忘了他们；贫贱时与你共患难的妻子，富贵之后不可休离。"光武帝听后只得作罢。

尉迟敬德最为人所熟知的形象，可能不是勇敢的大将军，而是民间故事中所流传的门神。据说唐太宗有天晚上做梦，梦中有一位身穿白色衣服、身材高大的中年男子向他请求说："我是泾河的龙王，负责掌管人间降雨，却因为与人打赌，违背了玉皇大帝的命令，造成水灾。明日午时三刻，玉皇大帝下令魏徵来杀我。请您一定要救救我。"

唐太宗好奇地问道："打赌？是什么事情呢？"

龙王面露苦笑道："那天我化身为书生，来长安城大街上玩。看到庙口有一个算命师，摊前写着'铁口直断'。算命师肯定地说：'隔天午时，长安城会降雨三寸三分。'我是掌管降雨的神，怎么会不知道降雨的事？于是就跟算命师打赌，若他输了我就要拆了算命摊。不料……"

"不料，玉皇大帝果真命令你隔日午时降雨三寸三分。你因为不甘心输，所以降下多一倍的雨量，造成了水患。你可知道你赌气的结果，害朕长安城中的百姓为水而苦。"唐太宗想到了这几天为水患所苦的长安城百姓，责备道。

"我知道错了，所以才来向陛下您道歉并求救。"

唐太宗看着惭愧的龙王，想着这场水患并没有造成百姓伤亡，龙王罪不及死。想了一会儿后道："明日朕会宣魏徵进宫，想办法把他留住。"龙王听到唐太宗答应帮忙，连忙道谢。

隔日魏徵一大早就被唐太宗召进宫，讨论国事，眼看事情都快讨论完了，唐太宗心中暗自着急，突然瞄到长孙皇后所留下的棋盘，灵机一动，便道："爱卿，不如陪朕下一盘棋可好？朕一直解不开皇后这盘棋，你帮朕一起想想看。"

魏徵经过一早上消耗脑力与体力讨论国事，到了下午已经支撑不住，棋才下到一半，就打起瞌睡来。唐太宗看到魏徵睡着了，心想只要让魏徵睡过午时三刻就没事了，所以没叫醒魏徵，自己坐在一旁看书、批奏章。

午时三刻过后不久，魏徵突然全身大汗地惊醒，一副精疲力竭的样子。

"爱卿，怎么你睡了反而比没睡更累的样子？"唐太宗好奇地问道。

魏徵用袖子擦擦汗道："陛下有所不知，臣做了一个

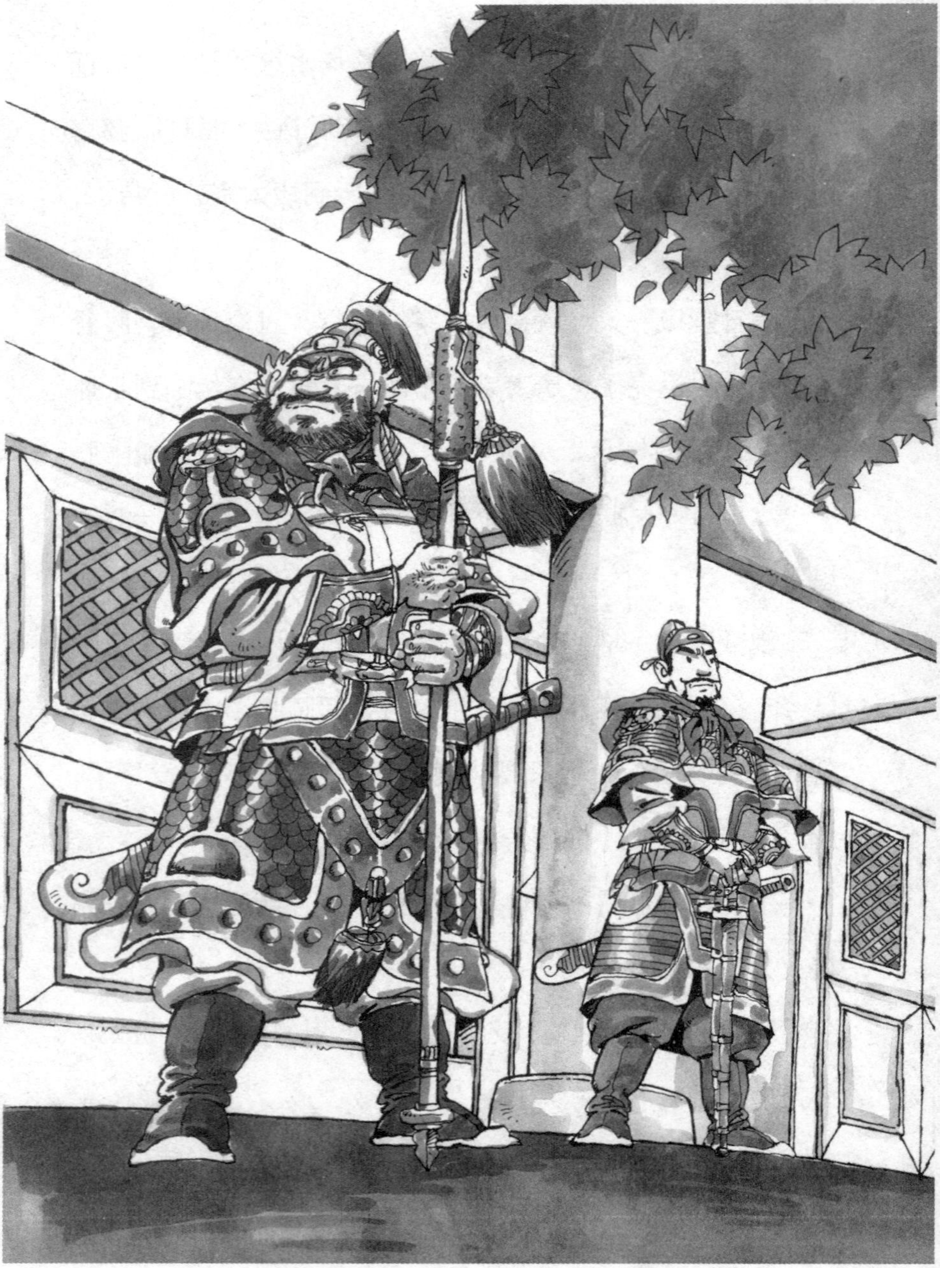

噩梦,梦到自己竟然拿起大刀砍了一头绑在柱子上、张牙舞爪的大龙,龙头一落地,血溅四处,吓死微臣了。"

自从魏徵在梦中杀了龙王后,唐太宗每天晚上都梦到龙王提着自己的头,责怪唐太宗没有遵守承诺。因此唐太宗每晚都睡不好觉,身体状况也渐渐变差。朝中大臣都很担心,连忙商讨解决之道,最后决定由既勇敢、武功又高强的尉迟敬德与秦叔宝两位将军守卫宫殿门口,让龙王不敢去骚扰唐太宗。

说也奇怪,自此之后,龙王再也没有出现在唐太宗的梦中。虽然如此,但总不能让两位将军一直不睡觉守门,于是唐太宗请来画家,画下两位将军身穿战甲,手握武器的肖像,再将两张栩栩如生的画像贴在宫殿大门上,结果照样有用。后来民间也跟着将两位将军的画像贴在家门上以求平安,阻挡鬼魅进家门,这就是门神的由来。

攻打突厥,称天可汗

除了尉迟敬德与秦叔宝之外,唐太宗还有一名很厉害的将军名叫李靖。

李靖自幼聪明，长大后既有文才也有武功，在隋炀帝时曾与李渊一起在朝为官。在李渊还没有起兵之前，李靖担任马邑的郡丞，他观察李渊的行事与作风，发现李渊有造反的想法，立刻动身前往江南，准备向隋炀帝告发李渊。但因为兵荒马乱，才走到大兴，就无法再往南前进，只好留下来。等李渊攻下大兴，想起李靖这个告密者，就命人把李靖给捉来，准备要砍了他的脑袋。正当行刑的前一刻，李靖突然大喊："我本是隋朝的官员，发现有人要反叛，向上密报有何不对？唐公您起义是为了要平定乱世，给百姓富足安乐的生活。现在天下尚未完全平定，就因为私人的恩怨要斩杀壮士，岂不令天下人寒心吗？"

这时，李世民也站出来，劝李渊道："父王，李靖文武全才，是个不可多得的人才。如果杀掉他，不仅我朝损失了一位好将领，更会让天下人觉得我们没有容人的雅量。儿臣担保，留下李靖，绝对大有用处。"因为这样，李靖才捡回了一条命。

李靖果然没有让李世民失望，唐朝后续讨平各方割据势力的过程中，李靖立下许多战功，不过他最大的成就，是在对突厥的用兵上。

贞观三年（629年），北方传来军情："北方大雪，冻死了许多牲畜，发生饥荒，引起突厥内部许多部落反叛，政局动荡。"唐太宗觉得机不可失，于是派遣李靖与徐世勣两位大将，率兵攻打突厥。

攻打突厥是朝中大事，统帅手中握有千万兵马与庞大军饷，唐太宗却全权交给李靖与徐世勣发落。对这两位将军的重用，再次表现出唐太宗不凡的心胸[①]。

李靖接到命令后，心想："突厥虽有内乱，但我军要是大张旗鼓地与其开战，一有外敌，突厥反而会团结，全力抗敌，这样我军获胜的几率就不高。嗯……如果不正面攻打，那就只能靠偷袭了……"

李靖拟定作战策略后，仅率领着三千名精选出来的骑兵，趁着月黑风高之时，夜袭突厥阵营。因着夜色的

---

① 玄武门事变前，唐太宗曾派人私下询问李靖与徐世勣的意见，当时两位将军都表示不愿介入太子与李世民之间的斗争，也就是谁也不帮的意思。徐世勣就算了，但李世民曾救过李靖一命，他在这关键时刻却不站在李世民这边。但李世民能体谅两位将军的做法是为国家社稷，而拒绝参加任何政治斗争。李世民当上皇帝后，对李靖与徐世勣非常敬重，也十分重用他们。

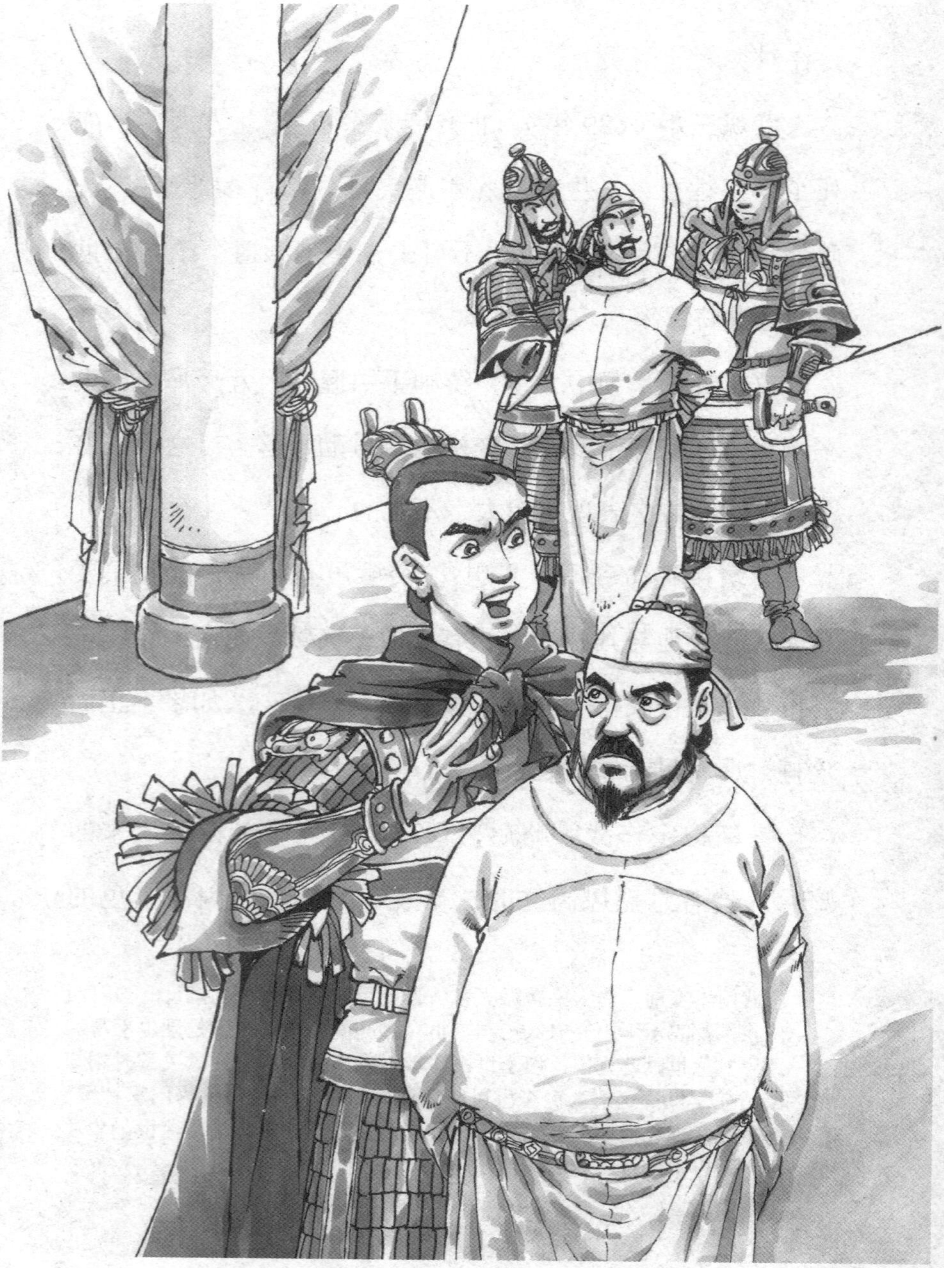

掩蔽，慌乱之中，突厥分不清楚唐军人数的多寡，只听得到刀剑相击声、马匹交踏声以及士兵们的哀号声，颉利可汗吓得心惊胆颤，惊慌地下令道："唐朝一定是出动了全国的军队，要不然李靖怎么敢深入我境突袭？看这情势不妙，撤退，赶快拔营撤退！"

与此同时，李靖又派人带着珍宝与美酒说服颉利可汗的一位心腹将领投降。在李靖的统领之下，唐军气势大盛，突厥则兵败如山倒，颉利可汗一看情势不对，趁着大家不注意，就脚底抹油，偷偷逃走了。失去统帅的突厥兵，乱了阵脚，最后一一投降。

李靖大胜突厥的消息一传回长安，百姓们欢欣鼓舞，街上鞭炮放个不停。唐太宗知道这个好消息后，眉开眼笑地说道："哈哈哈……朕以前就知道李靖是个百年难得一遇的将才，如今果然证实朕没有看错人。从前汉朝的李陵带了五千骑兵深入匈奴营地，兵败投降。现在李靖只用三千骑兵，就把突厥打得落花流水，颉利可汗也吓得连夜逃跑，让我唐军威震北狄，这是自古以来都没有的事啊！"

话说颉利可汗一路逃到铁山后，赶紧派使臣向唐太宗求饶投降，太宗也派了使臣表示安抚。仍在北方的李靖与徐世勣在军营内讨论，李靖脸色凝重地道："看样子，皇上好像要接受颉利可汗的请求，答应和解。但依据我对突厥的了解，和解只是表面上的，等春天来临，北方草长马肥，突厥一定又会来攻打。"

"将军说得一点没错，突厥一直是这样玩两面手法，打不过就讲和，等到有力量了就来侵略，抢夺我朝百姓的金银财宝。"年纪较轻的徐世勣将军也赞同道。

"不如，"李靖眼中闪着光芒道，"趁朝中使臣还在敌人阵营讲和，突厥缺乏戒备之时，我们选一万精兵前往突击。"

"李将军，这样不好吧！皇上的意思应该是同意和解，我们不该违逆。再说，我们还有使臣在突厥那里，这样……"另外一位副将发言表示反对。

李靖目光一扫，瞪得这位副将把反对的话给硬生生地吞了下去，李靖语气坚定地说道："机不可失，国家利益重于一切。突厥并不是真心投降，如果让他们养精蓄锐，以后就更难对付，北方百姓便将永无安宁之日。"

李靖当机立断，率领一万精兵马上前进，另一方面也命令徐世勣带兵绕到突厥后方，切断突厥逃往大漠的路。果然颉利可汗以为唐太宗同意讲和，整个军队疏于防备，就连李靖已经逼近突厥营区，都还没发觉，当然被李靖打得落花流水。李靖这一仗大获全胜，彻底地打垮了突厥，获得空前的胜利，也打响了唐朝的威名，震撼西域各国，西北诸蕃的国王都派使臣来长安求见唐太宗，请求太宗担任"天可汗"，代表是天下共主。

当李靖北伐突厥大获全胜，唐朝境内人民安居乐业之时，许多文武官员都建议唐太宗进行"封禅"[1]，只有魏徵反对。

唐太宗问魏徵道："你不赞成朕行封禅，是因为国家还不够安定吗？"

"够安定。"魏徵答道。

---

[1] 封禅：古代天子到泰山（位于山东省）举行庄严盛大的拜祭天地仪式。汉武帝曾经提出到泰山封禅的三个条件：第一必须一统天下，第二必须天下太平，第三必须有吉祥的征兆出现。

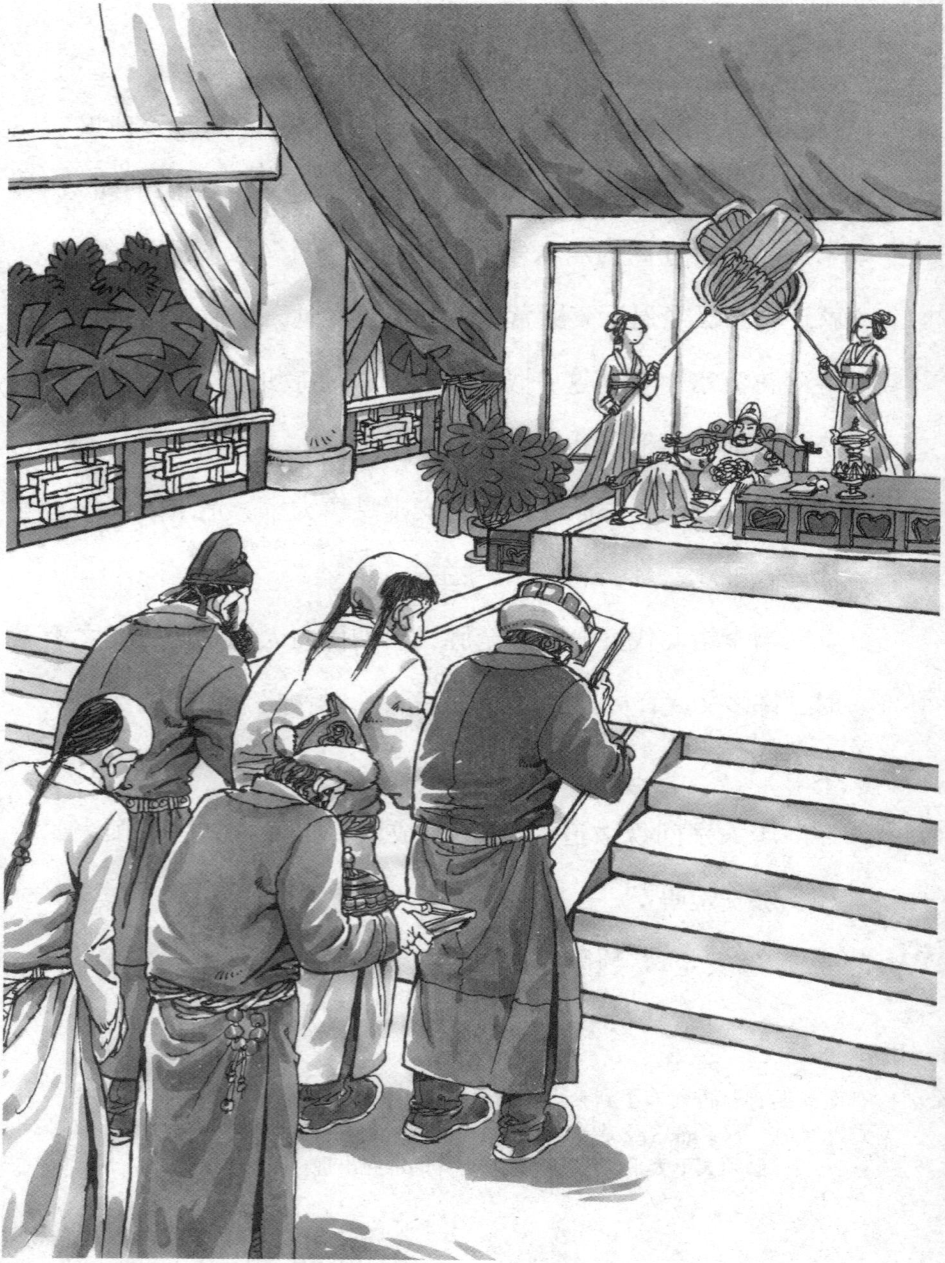

"还是四方蛮族还没有臣服？"

"已臣服。"魏徵再答。

"祥瑞吉兆没有出现吗？"

"已经出现了。"魏徵续答。

"既然汉武帝所说的三个条件都达到了，为什么魏徵还反对呢？"唐太宗在心底纳闷，因为常常被魏徵纠正，所以他也养成了自省的习惯。想了一会儿后，太宗道："是不是因为朕的功劳不够高？朕的品德修养还不够好？"唐太宗接连问了几个问题，都被魏徵以"够高，够好"回答。

"那么朕真的不明白，你反对的原因在哪儿？"唐太宗两手一摊，无奈地问道。

"陛下虽然在这几项上都很有成就，但是我们继承的是前朝末年天下大乱后的残局，户口稀少，仓库粮食仍未完全充实。陛下千里迢迢到泰山，整个朝廷官员一定会随行，这样需要动用多少马车？而且每到一处，地方官员就要负责接待，从膳食安排到住宿，需要花多少的心思与金钱呢？封禅，只是得到一个虚名罢了，这就是臣反对的原因。"

"爱卿说的有理，是朕的疏忽。不应该只是为了虚名而劳民伤财，封禅的确对国家人民一点助益也没有。"唐太宗虚心地接受魏徵的建议，打消了封禅的念头。

贤明皇后，晚年憾事

自唐太宗即位后，长孙静就当上皇后，也就是大家所熟知的长孙皇后。她本身机智聪明，待人又亲切和善，并没有因为当上皇后而有任何改变，服饰与饮食都是力求俭朴，不管是后宫嫔妃还是朝中大臣，讲到长孙皇后都只有称赞，更不用说唐太宗本人对长孙皇后的敬重了。

长孙静刚当上皇后时，发现后宫闲置的宫女人数众多，就对唐太宗说："臣妾认为宫中实在不需要这么多的宫女。这些宫女长年离开父母的身边，独自一人待在宫中生活，实在很可怜。陛下何不让她们回家跟家人团聚，或是在宫外找人婚配，也免得在宫中虚掷年华，孤老无依。"

唐太宗也赞同这个提议，于是许多宫女终于可以回家跟家人团聚，因此都很感激长孙皇后的慈悲心。

唐太宗生病时，长孙皇后一定是日夜不休地在他身旁照顾，常常太宗病好了，皇后却因为太过操劳而生病了。

长孙皇后本身患有气喘，身体状况并不好。长孙皇后病重时，看了很多名医、吃了许多珍贵的药材，可是病情都没有起色。太子李承乾①心中非常着急，就跟长孙皇后说："母后，儿臣想请求父皇大赦天下，或许这样广开善门，老天会显显神迹，让母后的病痊愈。"

"咳咳咳……傻孩子。"长孙皇后面色憔悴，伸出手摸摸李承乾的头道，"生死有命，这哪里是人力可以改变的。再说，大赦天下是国家大事，怎么可以因为我生病就大赦。你千万不能跟你父皇提起。"

唐太宗知道后，心里觉得又欣慰又难过。欣慰的是皇后连生病都还时时惦记着国家，不愿因为个人而影响国家政策；难过的是，皇后的病情始终没有起色。

当长孙皇后病危时，唐太宗守在病床前握着她的手，哀伤道："皇后，皇后……你还有什么心愿没有完成，你

---

① 李世民与长孙皇后的大儿子。

告诉朕。"

长孙皇后虚弱地露出笑容道："陛下……臣妾只有三件事请求。第一是请不要铺张为臣妾举办葬礼及兴建陵寝，臣妾生前对百姓没有什么贡献，死了更不该让百姓操劳。第二是希望陛下能继续亲近君子，接受大臣的忠言，不要轻易发怒。"

"朕知道，朕知道，皇后你放心。"唐太宗红着眼眶难过地说着。

"第三件事……"长孙皇后目光转向跪在远方的太子身上，面色忧虑地低声道，"请多让承乾亲近贤臣，远离声色犬马。他日假若……他真的犯了什么过错，也请陛下饶他一死，就当是臣妾这个当娘的私心吧！"

贞观十年（636年），长孙皇后年仅三十六岁就去世了，唐太宗非常伤心难过。自此之后，后位就一直空悬着，没有再立任何人当皇后。

正所谓"知子莫若母"，长孙皇后过世前的第三个请求，果然在不久后就要唐太宗兑现。李承乾是唐太宗与长孙皇后的嫡长子①，李世民当上皇帝后，理所当然，李承乾就成为太子，当时李承乾才八岁，聪明活泼，深得太宗的喜爱。

李承乾自幼生长在宫中，不知民间疾苦，长大后嗜好声色犬马，讨厌跟贤良之士结交。加上李承乾的脚有点跛，心中一直有着自卑感，讨厌别人看不起他，因此更热衷打猎与作战的游戏，搞得东宫侍卫的脸上与身上经常有伤。唐太宗对这个好勇斗胜的儿子一直很头痛，先后聘请了许多老师教导太子，例如：曾为李建成老师的李纲，以及当时有名的学者张玄素，希望能让李承乾借由接近文人贤士，收敛他好勇的心性。唐太宗常对东宫中辅导太子的大臣说："朕十八岁之前，都随着高祖四处调迁，因为这样的经验，所以对于老百姓的生活以及痛苦，都能体会。当上皇帝后，在处理政事上，还是不免会犯错。太子从小生长在宫中，没有见过百姓生活艰苦的一面，自然不能体

---

① 由原配所生的孩子，称为"嫡子"；而由妾所生的孩子，称为"庶子"，在中国历史上一直有着"嫡贵庶贱"的传统，就是嫡子优先继承父亲的地位及财产。太子李承乾、魏王李泰与晋王李治都由长孙皇后所生，都是唐太宗的嫡子，也是在排名上最能继承皇位的人。

会，所以你们要时时提醒并规劝太子。"

但是这样子的努力似乎是白费的。有一次，张玄素规劝道："太子，这个月东宫的花费已经超过七万钱了。您知道吗？七万钱可以让一户平常人家充裕的过上好几年了，臣希望您能有所节制。臣每次进宫见太子，都发现您身边围绕着许多只会拍马屁的侍从，却不见东宫中正直的大臣。"张玄素停顿了一下，看着李承乾苦口婆心地劝道："希望您能多跟贤者亲近，远离小人。唉……良药苦口，会苦的药才能治病，不好听的话才可以帮助德行，希望太子明白。"

李承乾听完，脸色非常难看，一句话也没说，大袖一挥就转身离去。当晚，张玄素在回家的路上遭到太子派去的人的埋伏偷袭，几乎丧命。唐太宗知道这件事后，气得把太子痛骂了一顿，并遣走了东宫中对太子有坏影响的人。没想到，太子不但不知悔改，还埋怨唐太宗。父子两人因此展开了冷战。

唐太宗对太子的所作所为感到非常失望，与太子相比，唐太宗反而更加宠爱四儿子魏王李泰。李泰善于写文章，喜好文学，唐太宗觉得李泰喜好文学这点跟自己很像，所以特别准许李泰在自己的府里设置一个文学馆，许多文人雅士也因为这样，聚集到李泰的门下。李泰非常胖，行动不便，从宫门到宫内有一小段距离，唐太宗特别准许李泰可以乘着轿子入宫，避免李泰走得大汗淋漓，气喘吁吁。又有一次，唐太宗为了常看到李泰，甚至下令李泰搬进宫内，经魏徵上谏反对，唐太宗才作罢，由此可知唐太宗对李泰有多么疼爱了。李泰仗着自己是唐太宗最喜欢的儿子，竟然起了当太子的念头，私下贿赂官吏，让他们到处讲太子的坏话。

朝中几位贤良的大臣把太子与魏王的明争暗斗看在眼里，都十分忧虑。褚遂良就曾经上谏提醒唐太宗："太子与亲王地位有别，太子的地位仅次于陛下。但是现在陛下对魏王的宠爱明显多于太子，这样不是一件好事，若有小人挑拨离间，很容易出事的。"

在此我们先放下太子之争，来介绍一下褚遂良这个大臣。褚遂良是谁呢？他是唐朝非常有名的书法家，现在我们学书法所临摹的字帖，很多都是出自他的手笔。唐太宗非常喜欢书法，将书法列为科举考试的项目之一，读书人只要写得一手好字，就能当官，所以大家纷纷练习书法，带来唐朝的书法艺术非常兴盛。唐太宗有一次向魏徵抱怨道："自从虞世南过世后，朕就再也找不到人可以好好讨论书法了。"

魏徵听到这话，突然脑中闪过一个人，就向太宗推荐道："臣认识一位年轻人名叫褚遂良，对书法非常有研究，又写得一手好字，陛下要不要见见他呢？"

唐太宗与褚遂良交谈甚欢，他非常喜欢褚遂良的字，赞不绝口地说道："妙啊，妙啊！遂良用笔轻巧灵动，线条有如女子般婉媚，又不入俗。加上对书法见识不凡，以后辨别王羲之真迹这件工作，就交给你了。"因为唐太宗对王羲之书法特别喜爱，曾下诏收购王羲之的真迹。皇帝都下诏了，天下人当然迫不及待地把家中的字帖通通拿出来献宝，但这些字帖有许多都是假的，所以辨别王羲之墨迹真伪的工作就落在褚遂良身上了。

话说褚遂良除了书法造诣极高之外，对事情的看法更有独到之处。果然不久后，如他所预料，有大事发生了。李承乾对于李泰汲汲营营地策划谋取太子地位感到很不安,又看到唐太宗对魏王的宠爱胜过自己,担心自己被废,于是密谋叛变。不料尚未举事,就事迹败露,李承乾因此被捕下狱。

唐太宗对此感到非常难过,眼眶泛红,苦恼地自语道:"皇后,乾儿犯了大错了……按照国法,造反是要处死刑的。朕该怎么救乾儿呢?如果你还在就好了……"

隔日早朝时,唐太宗问大臣们道:"太子造反这件事该怎么处理?"所有大臣都低下头不敢出声。大家心里都在猜测:"叛乱是要处死刑,皇上这么问,是想要饶过太子的意思吗?"但是谁也不敢肯定。

这确实是唐太宗的想法,但是因为身为皇帝,需要以身作则,要是自己破坏法律,那以后还有谁会遵守律法呢?

这时终于有位大臣站了出来,打破沉默道:"为了让陛下不失为一位慈父,也不失信于长孙皇后临终所托,就判太子终身幽禁吧!"

这正好是太宗的想法:"如卿所奏,废太子李承乾为庶人，幽禁在右领军府中吧。"

然而，朝中不可一日无储君，唐太宗私心想要立李泰为太子，但是朝中大臣，如长孙无忌、褚遂良等人却不怎么赞同，而是偏向拥立唐太宗的另外一个儿子晋王李治。

李治善良仁慈，但心无大志。当李泰知道朝中大臣偏向拥立李治时，就曾恐吓威胁李治道："你之前跟太子和李元昌① 交情很好，现在他们两人都身陷牢笼，我看你最好也小心一点，待在府中不要出门，免得大祸临头。"

后来唐太宗发现越来越少见到李治，而且每次看到他的时候，他都是一副惊恐不安的样子。于是太宗连连询问了好几次，最后老实的李治才说出李泰的威胁。

唐太宗一听当场愣住，他没办法相信一直以来深爱的儿子李泰竟然心思如此险恶。唐太宗定下心来仔细回想许多事，慢慢拼凑起李泰的另一个面貌。

唐太宗想到李承乾曾在狱中向他哭诉道："儿臣已经是太子了，怎么可能会有造反的理由？要不是李泰一直觊

---

① 李元昌是唐太宗的弟弟，被封为汉王，与太子李承乾一起密谋造反。

觊觎着太子之位，处处使小动作，儿臣为了自保，才不会做出这样大逆不道的错事！父皇，您要是立李泰为太子，就落入了他的圈套，这样儿臣死都不会甘心的。"

褚遂良也曾上谏道："陛下过去就是因为对魏王过于宠爱，让魏王在礼数上超过太子许多，才会有这样的憾事发生。今天若要立魏王为太子，难保……"

"难保什么？"唐太宗问道。

"魏王心性凶狠，难保太子与晋王不会遭到什么不幸。"褚遂良拱手回道。

唐太宗望着远方，眼睛一闭，当再次张开时，他已经下定决心了。

隔日早朝，唐太宗宣布："朕若立魏王为太子，等于告诉天下，皇位是可以阴谋取得的。而且立了魏王，恐怕太子与晋王的性命不保。晋王李治自小仁爱，立他为太子，朕相信他不会为难自己的同胞兄弟。"唐太宗停了一下，转头对被这个决定吓着的李治道："治儿，父皇开疆辟土，拨乱反正，奠定了我朝疆土与声势。你个性温文，父皇不求你跟朕一样，只要你多听大臣的谏言，当个守成

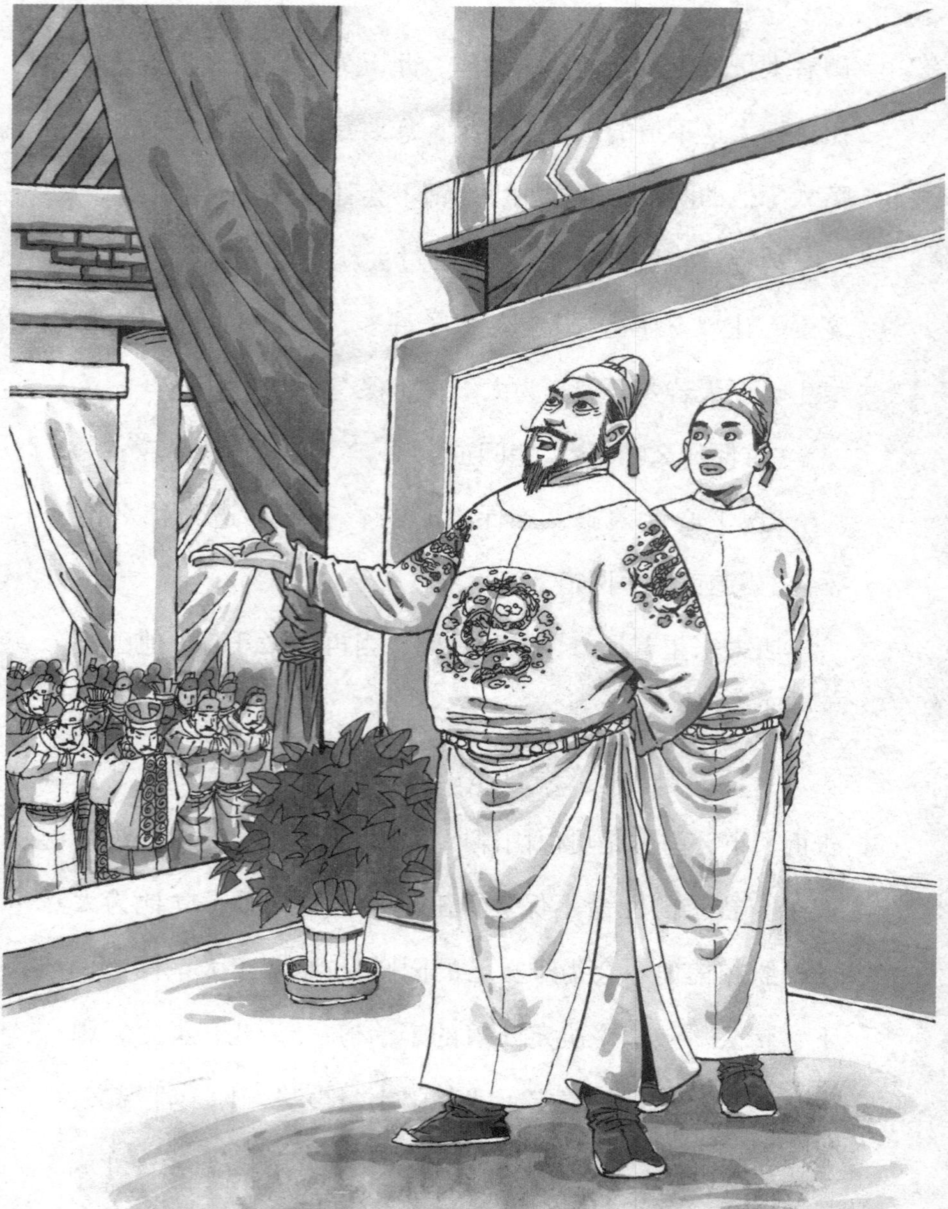

的君主。"看到李治点头后,唐太宗再度朗声道:"朕决定立晋王李治为太子。"

文臣武官齐声欢呼道:"晋王仁慈孝顺,作为太子当之无愧。"

贞观二十三年(649年)唐太宗病危,李治日夜守在病床边,忧心得头发都白了一半。唐太宗悲伤地摸摸李治的头道:"朕有你这么孝顺的儿子,就算死了也了无遗憾。咳咳咳……"

"父皇,父皇……"李治哭泣道。

"记住,只要有你舅舅长孙无忌与褚遂良在朝,你……就不用为……我朝担心。切记……不可……疏远贤臣。"说完后,一代名主就这样驾崩了。

唐太宗晚年写了《帝范》这本书以教戒李治,其中总结了他一生的政治经验,也对自己的功过进行了评述。他说:"朕之所以能有这样的成就,原因有几点:第一,朕看到别人比朕能干聪明,完全不会忌妒,反而很高兴可以与这样的人相处。第二,人不可能十全十美,朕尽量欣赏别人的优点,而忘记缺点。同样的,朕也会有缺点,完全仰赖贤良正直的大臣指出错误,才能做出对百姓朝廷最好的决定。"

　　唐太宗虽然只活了五十一岁,在位二十多年,但他随时以隋朝灭亡的教训提醒自己,用人不避亲仇,鼓励大臣上谏纠正自己,让唐朝的文治与武功都在此时达到最高峰,是中国历史上的黄金时代,史称"贞观之治"。

唐太宗小档案

599年　出生。

614年　娶妻长孙氏。

615年　成功用计诱使突厥退兵，解除了隋炀帝雁门之围，开始崭露头角。

617年　随受任为太原留守的父亲前往太原，结识刘文静。7月，李渊正式宣布起兵反隋。11月，攻下隋朝首都大兴，立代王为帝。

618年　隋炀帝在江都被叛将宇文化及所杀，李渊接受禅让为帝，改元武德，改大兴为长安。受封为秦王。

618—621年　击溃薛仁杲、宋金刚、刘武周，继而生擒窦建德、王世充回京，威望高涨，得到军民一致的爱戴。受封为前所未有的"天策上将"，拥有自置官属的特权。

624 年 突厥颉利、突利二可汗举国入寇。使计分化二可汗，成功使突厥退兵。

626 年 6月4日，玄武门事变，太子李建成与齐王李元吉被杀。6月7日，被立为皇太子。8月8日，于东宫显德殿即帝位，是为唐太宗，大赦天下。次年改元"贞观"。

629 年 命李靖为主帅，讨伐多次侵扰北疆的突厥。

630 年 3月，生擒颉利可汗至长安，突厥亡。唐太宗因此被西北各国尊为"天可汗"。

635 年 5月，李渊崩逝。

636 年 6月，长孙皇后崩逝。此后再未立后。

643 年 正月，魏徵薨逝。2月，诏画长孙无忌、尉迟敬德等二十四位功臣像于凌烟阁。4月，皇太子李承乾因意图谋反，被废为庶人。立晋王李治为太子。

645 年 亲征高句丽。

649 年 驾崩。